MANUEL

DES

NOUVEAUX IMPOTS

VOTÉS PAR L'ASSEMBLÉE NATIONALE

Du 12 février 1871 au 3 août 1872

CLASSÉS PAR ORDRE ALPHABÉTIQUE

ET SUIVIS DE LA

NOUVELLE LOI SUR LE RECRUTEMENT DE L'ARMÉE

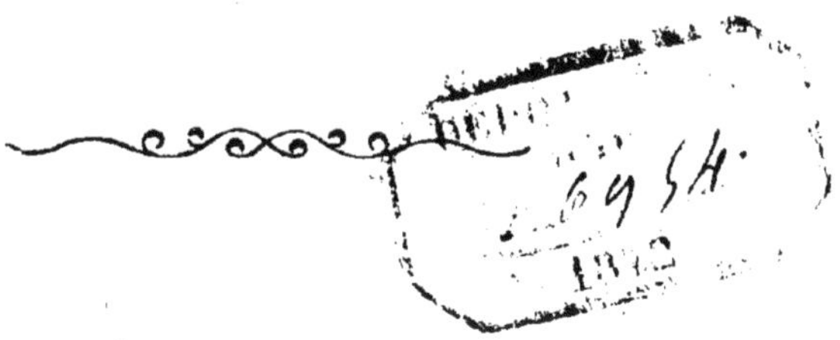

PARIS
IMPRIMERIE TYPOGRAPHIQUE DE A. POUGIN
13, QUAI VOLTAIRE, 13

1872

AVANT-PROPOS

Après les épreuves douloureuses que le pays vient de traverser, la création de nouveaux impôts était une nécessité, un héritage du passé qu'il falllait subir.

La liquidation de l'arriéré aboutissait à un passif annuel de 500 millions environ.

Le Gouvernement et l'Assemblée nationale n'en étaient pas responsables, mais c'était à eux qu'incombait le pénible devoir d'y pourvoir.

Pendant la session de février à septembre 1871, une grande partie des nouvelles taxes nécessaires à l'équilibre du budget ont été votées.

Dans la session de décembre 1871 au 3 août 1872, l'Assemblée a dû voter le complément des impôts proposés par le Gouvernement.

Ces taxes font peser sur les contribuables des charges et des obligations qu'il est important pour chacun de bien connaître.

Nous donnons ci-dessous le tableau par ordre alphabétique des nombreuses taxes qu'il a fallu ou augmenter ou créer pour payer la rançon aux Prussiens, avec les tarifs et les dispositions relatives au mode de recouvrement et à la répression des fraudes.

Les nouveaux impôts n'ont pas pour objet le payement direct de cette rançon. Ce n'est pas en effet avec les ressources annuelles qu'ils doivent produire, qu'il aurait été possible de payer les cinq milliards dus à l'Allemagne dans les délais stipulés par les traités.

L'emprunt seul pouvait nous procurer cet énorme capital, et c'est à l'acquittement des intérêts et arrérages de cette nouvelle dette imposée à la France, que sont destinées les ressources des impôts que nous allons faire connaître.

Nous reproduisons donc ci-dessous les deux lois qui ont autorisé l'emprunt de 2 milliards en 1871 et l'emprunt de 3 milliards en 1872, comme se rattachant essentiellement à celles qui ont été votées pour établir l'équilibre du budget.

Mais avant d'entrer dans l'énumération des objets que le législateur a frappés, nous indiquerons sommairement ceux qu'il s'est abstenu de surcharger, à cause de l'intérêt spécial qu'ils méritent.

C'est, d'abord, la **propriété foncière :** la terre est le principal instrument de l'alimentation du pays, la valeur de ses produits constitue ce qu'on nomme le prix de revient de la vie. Le Gouvernement a tenu à écarter de son plan tout ce qui était de nature à aggraver la situation des classes laborieuses des villes et des campagnes.

Les denrées alimentaires de première nécessité, telles que le pain, le sel, la viande, les œufs, le lait, etc., ne subissent aucune augmentation d'impôt.

Le fer et la houille sont, après le sol, les deux principaux agents de la production : les nouvelles lois ne modifient en rien leur position antérieure.

Ainsi, après les malheurs que nous avons subis, malgré les nécessités fiscales qui en sont la conséquence, les sources de l'alimentation et de la production ont pu être épargnées. La terre, ces denrées de première nécessité, le fer, la houille, ces instruments de travail et de richesse, demeurent exempts de tout accroissement d'impôt ; on peut donc espérer que l'essor de la prospérité dans notre pays ne sera pas entravé, et qu'avec la prospérité le poids des taxes que nous allons énumérer deviendra facile à supporter.

Nous n'avons parlé jusqu'ici que des impôts qui s'adressent à la fortune du contribuable. Il est un autre impôt qui s'adresse à sa personne même : c'est celui qu'on a nommé l'*impôt du sang*. Trop longtemps la fortune a permis d'échapper à l'acquittement personnel de cette dette sacrée. C'est en vain que s'élevaient de toutes parts des protestations contre nos lois de recrutement qui n'empêchaient pas cette injustice. Il a fallu la cruelle leçon infligée à nos armées pour forcer les pouvoirs publics à revenir sur cette législation et la remplacer par des dispositions plus rigoureuses. Nous voulons parler de la nouvelle loi votée en troisième lecture le 27 juillet, et qui a été promulguée par le *Journal officiel* du 17 août 1872.

Cette loi, qui exige de toute la population le payement personnel de sa part de l'*impôt du sang*, se rattache aussi aux lois d'impôts. Elle trouvait naturellement sa place dans ce Recueil dont chaque ligne doit rappeler à chacun de nous les lourdes charges qu'a imposées au pays la guerre qui s'est terminée si malheureusement pour nos armes.

Voici la liste des nombreux objets nouvellement imposés ou qui subissent des augmentations considérables de taxes, en vertu des lois dont le texte est recueilli dans ce *Manuel*.

NOMENCLATURE DES MOTS

CONTENUS DANS LE

NOUVEAU MANUEL DES IMPOTS

NOUVELLE LOI SUR LE RECRUTEMENT DE L'ARMÉE

MANUEL

DES

NOUVEAUX IMPOTS

ACTES NON ENREGISTRÉS PRODUITS EN JUSTICE. — V. Enregistrement, n° 1.

ACTES SOUS SEINGS PRIVÉS. — V. Baux et Locations verbales, n° 15; — Enregistrement, n° 2.

ADJUDICATION.

1. *Allumettes chimiques, monopole.* — V. Allumettes chimiques.

2. *Travaux publics, etc., Droit fixe gradué.* — V. Enregistrement, n° 10-9°.

ALCOOLS, EAUX-DE-VIE, ESPRITS, etc.

§ 1. Impôt intérieur.

1. *Liqueurs, etc., en bouteilles, en cercles, richesse alcoolique, taxe proportionnelle.* — Les liqueurs, les fruits à l'eau-de-vie et les eaux-de-vie en bouteilles seront taxés comme les eaux-de-vie et les esprits en cercles, proportionnellement à la richesse alcoolique. — (L. 26 mars 1872, art. 1.) (1)

2. *Liqueurs, etc., en bouteilles, droit de consommation.* — *Tarif.* — Le droit de consommation par hectolitre d'alcool pur contenu dans les liqueurs, les fruits à l'eau-de-vie et les eaux-de-vie en bouteilles, est fixé, en principal, à cent soixante-quinze francs (175 fr.) avec addition de deux décimes (et non centimes, comme le porte par erreur le *Bulletin des Lois* — (Même loi, art. 2.)

3. *Absinthe, essence d'absinthe.* — L'absinthe, soit en bouteilles, soit en cercles, continuera d'être considérée comme alcool pur et sera passible du droit de cent soixante-quinze francs (175 fr.) en principal, et à Paris d'une taxe de remplacement de cent quatre-vingt-dix-neuf francs (199 fr.) également en principal. — (Même loi, art. 3.)

---

(1) Disons ici, une fois pour toutes, que les dispositions recueillies dans ce *Manuel* et suivies de l'indication d'un article de loi sont le texte même de l'article et non sa simple analyse ou paraphrase.

4. La préparation concentrée connue sous le nom d'essence d'absinthe ne sera plus fabriquée et vendue qu'à titre de substance médicamenteuse. Le commerce de ladite essence et sa vente par les pharmaciens s'effectueront conformément aux prescriptions des titres I et II de l'ordonnance royale du 29 octobre 1846.

Toute contravention aux prescriptions dudit article sera punie des peines portées en l'article 1er de la loi du 17 juillet 1845.—(L. 26 mars 1872, art. 4.)

5. *Droits d'entrée.* — Le droit d'entrée par hectolitre d'alcool pur que contiennent ou que représentent les spiritueux quelconques, les préparations alcooliques quelconques, est fixé, en principal, ainsi qu'il suit :

Dans les communes ayant une population agglomérée de

4,000 âmes à 6,000..	6 fr.	
6,000 âmes à 10,000..	9	
10,000 âmes à 15,000..	12	
15,000 âmes à 20,000..	15	
20.000 âmes à 30,000..	18	
30,000 âmes à 50,000..	21	
50,000 âmes et au-dessus	24	(Art. 5.)

6. *Taxe de remplacement à Paris.* — Le droit de remplacement aux entrées de Paris est fixé en principal, par hectolitre d'alcool pur :

Pour les eaux-de-vie et esprits en cercles, droit de consommation et droit d'entrée, à cent quarante-neuf francs (149 fr.);

Pour les liqueurs, les fruits à l'eau-de-vie et les eaux-de-vie en bouteilles, droit de consommation et droit d'entrée, avec addition de deux décimes, à cent quatre-vingt-dix-neuf francs (199 fr.) — (Art. 6.)

7. *Alcools dénaturés, taxe spéciale de dénaturation, octroi.*— Les alcools dénaturés de manière à ne pouvoir être consommés comme boissons, seront soumis en tous lieux à une taxe spéciale dite de dénaturation, dont le taux est fixé en principal à 30 fr. par hectolitre d'alcool pur.

Le droit d'octroi sur les alcools dénaturés ne pourra pas excéder le quart du droit du Trésor. —(L. 2 août 1872, art. 4).

8. Le comité des arts et manufactures déterminera, pour chaque branche d'industrie, les conditions dans lesquelles la dénaturation des alcools devra être opérée, en présence des employés de la régie. — (Même loi, art. 5.)

9. *Bouilleurs de cru, application à leur égard de la législation relative aux distillateurs. — Licence, exemption.* — Les bouilleurs et distillateurs, qui mettent en œuvre des vins, cidres, poirés, marcs, lies, cerises et prunes provenant exclusivement de leur récolte, demeurent exempts de la licence; ils sont affranchis du payement de l'impôt général sur les eaux-de-vie et esprits produits et consommés sur place, dans la limite de 40 litres d'alcool par année, et ils cessent d'être soumis aux visites et vérifications des employés de la régie, dès qu'ils n'ont plus en compte que de l'alcool exempt ou libéré de l'impôt.

Sauf ces cas réservés, la législation relative aux distillateurs de profession est rendue applicable aux bouilleurs de cru. — (Même loi, art. 2.)

10. *Liquoristes débitants, vente en détail.* — Les liquoristes débitants restent assujettis aux dispositions du chapitre 3 du titre Ier de la loi du 28 avril 1816, sous la modification prononcée par la présente loi, quant au droit de consommation porté à cent soixante-quinze francs (175 fr.) en principal par hectolitre d'alcool employé à la fabrication des liqueurs. — (L. 26 mars 1872, art. 11.) (1).

11. *Liquoristes marchands en gros, marchands en détail, caution.* — La disposition de la loi du 21 avril 1832, qui oblige les distillateurs et les marchands en gros établis dans les villes à présenter une caution solvable qui s'engage, solidairement avec eux, à payer les droits constatés à leur charge, est rendue applicable, pour les taxes générales et locales, à tous les distillateurs de profession, et à tous les marchands en gros indistinctement.

La même obligation pourra être imposée par la régie aux personnes qui, faisant le commerce en détail des eaux-de-vie, esprits et liqueurs, auraient en leur possession plus de 10 hectolitres d'alcool. — (L. 2 août 1872, art. 6.)

12. *Distillation, appareils, détention, déclaration.* — Tout détenteur d'appareils propres à la distillation d'eaux-de-vie ou d'esprits est tenu de faire au bureau de la régie une déclaration énonçant le nombre et la capacité de ses appareils. — (L. 2 août 1872, art. 1er.)

13. *Liquoristes marchands en gros, liqueurs, fabrication, alcool manquant.* — Les liquoristes marchands en gros seront tenus de payer immédiatement les droits spéciaux à l'alcool contenu dans les liqueurs et fruits à l'eau-de-vie pour toutes les quantités d'alcool reconnues manquantes dans leurs ateliers de fabrication, au-delà des déductions allouées pour ouillage et coulage, et réglées conformément aux dispositions de l'article 7 de la loi du 20 juillet 1837. — (L. 26 mars 1872, art. 9.)

14. *Liquoristes marchands en gros, magasins, eaux-de-vie, etc., en bouteilles, classement, richesse alcoolique.* — Dans les magasins des fabricants et marchands en gros, les liqueurs, les fruits à l'eau-de-vie et les eaux-de-vie en bouteilles devront être rangés distinctement par degré de richesse alcoolique. Des étiquettes indiqueront d'une manière apparente le degré alcoolique. — (L. 26 mars 1872, art. 7.)

15. *Enlèvement, déclaration, eaux-de-vie, etc., en bouteilles, richesse alcoolique.* — Quels que soient l'expéditeur et le destinataire, les déclarations d'enlèvement relatives aux liqueurs, aux fruits à l'eau-de-vie et aux eaux-de-vie en bouteilles énonceront leur degré alcoolique, lequel sera mentionné dans les acquits à caution, congés et passavants délivrés par la régie. — (Même article.)

16. *Expédition, eaux-de-vie, etc., en cercles, futailles de vingt-cinq litres.* — Relativement aux eaux-de-vie et esprits en nature qu'ils voudront expédier en cercles, les marchands en gros liquoristes ne pourront faire d'expéditions qu'en futailles contenant au moins vingt-cinq litres.

Ces expéditions, qui auront lieu en présence des employés, devront être déclarées quatre heures d'avance dans les villes, et douze heures dans les campagnes. — (Même loi, art. 8.)

17. *Expédition, déclaration, lieux de passage, mode de transport, contravention, peine.* — Les déclarations exigées avant l'enlèvement des boissons par l'article 10 de la loi du 28 avril 1816, contiendront, outre les énonciations prescrites par ledit article, l'indication des principaux lieux de passage que devra traverser le chargement, et celle des divers modes de transport qui seront successivement employés, soit pour toute la route à

(1) Le chapitre 3, titre Ier de la loi du 28 avril 1816 est relatif au droit à la vente en détail des boissons.

parcourir, soit pour une partie seulement; à charge, dans ce dernier cas, de compléter la déclaration en cours de transport.

Les contraventions aux dispositions du présent article seront punies de la confiscation des boissons saisies et d'une amende de 500 francs à 5,000 francs. — (L. 28 fév. 1872, art. 1er.)

18. *Expédition, trajet de plus de deux myriamètres.* — Tout destinataire de boissons spiritueuses, accompagnées d'un acquit-à-caution et qui auront parcouru un trajet de plus de 2 myriamètres, sera tenu de représenter, en même temps que l'expédition de la régie, les bulletins de transport, lettres de voitures et connaissements applicables au chargement.

A défaut de l'accomplissement de cette formalité, et dans le cas où il ne résulterait pas des pièces représentées que le transport des spiritueux a réellement eu lieu dans les conditions de la déclaration, les doubles droits garantis par l'acquit-à-caution deviendront exigibles, sans préjudice de toutes autres peines encourues pour contraventions. — (Même loi, art. 2.)

19. *Expédition, acquit-à-caution, nature des produits, indication.* — Tout acquit-à-caution devra porter l'indication des substances avec lesquelles ont été fabriqués les produits qu'il accompagnera, et l'acquit délivré sera sur papier blanc pour les alcools de vin, sur papier rouge pour les alcools d'industrie, et sur papier bleu pour les mélanges. — (L. 2 août 1872, art. 8, § 1er.)

20. *Expédition, acquit-à-caution, décharge, transvasement, etc.* — Les acquits-à-caution délivrés pour le transport des boissons ne seront déchargés qu'après la prise en charge des quantités y énoncées, si le destinataire est assujetti aux exercices des employés de la régie, ou le payement du droit dans le cas où il serait dû à l'arrivée.

Les employés ne pourront délivrer de certificats de décharge pour les boissons qui ne seraient pas représentées ou qui ne le seraient qu'après l'expiration du terme fixé par l'acquit-à-caution, ni pour les boissons qui ne seraient pas de l'espèce énoncée dans l'acquit-à-caution.

Les marchands en gros ne pourront user du bénéfice de l'article 100 de la loi du 28 avril 1816, qui leur permet de transvaser, mélanger et couper leurs boissons hors la présence des employés, que lorsque les boissons qu'ils auront reçues, avec acquit-à-caution, auront été vérifiées par le service de la régie et reconnues entièrement conformes à l'expédition. — (L. 28 fév. 1872, art. 3.)

21. *Expédition, registres des contributions indirectes, communication, droit de recherche.* — Les propriétaires, fermiers, expéditeurs et destinataires pourront, avec l'autorisation du juge de paix, prendre connaissance sur place des livres et registres de la régie des contributions indirectes.

Il est dû un droit de recherche de 1 fr. par compte communiqué. — (L. 2 août 1872, art. 8, § 2 et 3.)

22. *Vernis, eaux de senteur, etc., circulation, formalités.* — Sont assujettis aux formalités à la circulation prescrites par le chapitre Ier, titre I, de la loi du 28 avril 1816, les vernis, eaux de senteur, éthers, chloroformes et toutes autres préparations à base alcoolique. — (L. 28 fév. 1872, art. 4.)

23. *Fraudes, contraventions, peine.* — Toute fausse indication, toute fausse déclaration relativement à la richesse alcoolique des liqueurs, des fruits à l'eau-de-vie et des eaux-de-vie en bouteilles, ainsi que toute autre contravention à la présente loi, sera punie d'une amende de cinq cents à cinq mille francs (500 fr. à 5,000 fr.), indépendamment de la confiscation des boissons.

Toute introduction clandestine d'eaux-de-vie ou d'esprits chez les liquoristes donnera lieu à l'application de ces pénalités, non-seulement contre les liquoristes eux-mêmes, mais encore contre les individus qui auront sciemment fourni les eaux-de-vie ou esprits.

L'administration pourra appliquer à ceux qui auront subi les condamnations ci-dessus énoncées, le régime suivant :

Les eaux-de-vie et esprits destinés à la fabrication des liqueurs et fruits à l'eau-de-vie, devront être emmagasinés dans des locaux distincts, n'ayant aucune communication intérieure avec les autres magasins affectés au commerce des eaux-de-vie et esprits en nature. — (L. 26 mars 1872, art. 10.)

24. Les contraventions à la loi du 2 août 1872 et toutes autres contraventions qui, se rapportant à la distillation ainsi qu'au commerce en gros ou en détail des spiritueux, donnent lieu maintenant à l'application des articles 95, 96, 106 et 143 de la loi du 28 avril 1816, seront frappées des peines édictées par l'article 1er de la loi du 28 février 1872. — (L. 2 août 1872, art. 7). — V. l'art. 1er de la loi du 28 fév. 1872, ci-dessus, nº 17.

25. *Procès-verbaux, agents.* — Tous les employés de l'administration des finances, la gendarmerie, tous les agents du service des ponts et chaussées, de la navigation et des chemins vicinaux, autorisés par la loi à dresser des procès-verbaux, pourront verbaliser en cas de contravention aux lois sur la circulation des boissons. — (L. 28 fév. 1872, art. 5.)

§ 2. Droits de douane.

26. — *Importation.* — Alcools : eaux-de-vie en bouteilles, 30 fr. l'hectolitre de liquide ; en fûts, 30 fr. l'hectolitre d'alcool pur.— Alcools autres, 30 fr. l'hectolitre d'alcool pur. — (L. 8 juil. 1871, art. 14.)

27. — Liqueurs, 35 fr. l'hectolitre de liquide. — (Même loi, art. 15.)

ALLUMETTES CHIMIQUES.

1. *Définition.* — Sont considérés comme allumettes chimiques *passibles de l'impôt* tous les objets quelconques amorcés ou préparés de manière à pouvoir s'enflammer ou produire du feu, par frottement ou par tout moyen autre que le contact direct avec une matière en combustion. — (L. 4 sept. 1871, art. 3.)

Au lieu de *passibles de l'impôt* qu'on lit dans cette définition, il faut lire aujourd'hui *soumises au monopole de l'Etat.* En effet, la loi du 4 sept. 1871, qui avait établi un impôt sur les allumettes chimiques, n'a pas donné les résultats sur lesquels comptait le Gouvernement. En présence des difficultés du recouvrement et de la facilité de la fraude, le Gouvernement a pensé qu'il n'y avait à ce mal qu'un remède possible, le monopole de l'Etat. La loi du 4 sept. 1871 a donc été remplacée par celle du 2 août 1872, qui suit :

2. *Monopole de l'État.* — A partir de la promulgation de la présente loi, l'achat, la fabrication et la vente des allumettes chimiques sont attribués exclusivement à l'Etat dans toute l'étendue du territoire. — (L. 2 août 1872, art. 1er.)

3. *Exploitation directe, adjudication, loi.* — Le ministre des finances est autorisé, soit à faire exploiter directement par les administrations des manufactures de l'Etat et des contributions indirectes, soit à concéder, par voie d'adjudication publique ou à l'amiable, le monopole des allumettes. — (L. 2 août 1872, art. 2.)

4. — Les stipulations financières à intervenir, dans le cas de la mise en ferme de l'impôt des allumettes chimiques, seront soumises à l'approbation de l'Assemblée nationale. — (L. 2 août 1872, art. 5.)

5. *Fabriques, expropriation.* — Il sera procédé à l'expropriation des fabriques d'allumettes chimiques actuellement existantes, dans la forme et dans les conditions déterminées par la loi du 3 mai 1841. A cet effet, le ministre des finances est autorisé à avancer la somme de 20 millions jugée nécessaire pour pourvoir aux indemnités d'expropriation.

Cette avance sera régularisée au moyen d'un prélèvement annuel sur le produit du monopole. Elle fera l'objet d'un nouveau compte classé parmi les services spéciaux du Trésor. — (L. 2 août 1872, art. 3.)

6. *Prix de vente.* — Le prix des allumettes fabriquées que la régie des contributions indirectes vendra aux consommateurs ne pourra excéder la fixation ci-après, savoir :

Allumettes en bois.

Par kilogramme	2 fr.	50
Par boîte de 150	»	10
Par boîte de 60	»	05

Tolérance de 10 p. 100.

Allumettes en cire.

Par boîte de 40	»	10

Tolérance de 10 p. 100. — (Même loi, art 4.)

7. *Importation, circulation, vente, contravention.* — Quel que soit le mode adopté pour l'exploitation du monopole, l'importation, la circulation et la vente des allumettes demeurent assujetties au régime et aux pénalités établies par les lois des 4 septembre 1871 et 22 janvier 1872 (1). — (L. 2 août 1872, art. 6.)

AMOMES, CARDAMOMES.

Droit de douane. — Les droits à l'importation, en France, des amomes et cardamomes sont modifiés ainsi qu'il suit :

Amomes et cardamomes des pays hors d'Europe, y compris les possessions françaises, 200 fr. les 100 kilog.

Amomes et cardamomes d'ailleurs, 240 fr. les 100 kilog.—(L. 3 juill. 1872.)

ASSURANCES MARITIMES, ASSURANCES CONTRE L'INCENDIE.

1. *Taxe spéciale, enregistrement gratuit.* — Tout contrat d'assurance maritime ou contre l'incendie, ainsi que toute convention postérieure contenant prolongation de l'assurance, augmentation dans la prime ou le capital assuré, désignation d'une somme en risque ou d'une prime à payer, est soumis à une taxe obligatoire, moyennant le payement de laquelle la formalité de l'enregistrement sera donnée gratis toutes les fois qu'elle sera requise. — (L. 23 août 1871, art. 6, § 1.)

---

(1) En ce qui touche l'importation, les lois du 4 septembre 1871, art. 3, et du 22 janvier 1872, art. 4, portent que les droits sur les allumettes seront perçus, indépendamment des droits de douane, sur les allumettes importées.

Quant à la circulation et à la vente, v. ci-dessous, le mot CHICORÉE, n° 3.

2. *Tarif.* — La taxe est fixée ainsi qu'il suit :

1° Pour les assurances maritimes et par chaque contrat, à raison de cinquante centimes par cent francs, décimes compris, du montant des primes et accessoires de la prime.

La perception suivra les sommes de vingt francs en vingt francs, sans fraction, et la moindre taxe perçue pour chaque contrat sera de vingt-cinq centimes, décimes compris.

2° Pour les assurances contre l'incendie, et annuellement, à raison de huit pour cent du montant des primes, ou, en cas d'assurance mutuelle, de huit pour cent des cotisations ou des contributions. — (L. 23 août 1871, art. 6, § 2-1° et 2°.)

3. *Contrats en cours, temps restant à courir.* — La taxe sera perçue d'après les mêmes bases sur les contrats en cours, mais seulement pour le temps restant à courir, et sauf recours par les assureurs contre les assurés. — (Même article, § 3.)

4. *Réassurance.* — Les contrats de réassurance ne sont pas assujettis à la taxe, à moins que l'assurance primitive, souscrite à l'étranger, n'ait pas été soumise au droit. — (Même article, § 4.)

5. *Perception, répertoires, registres, mentions, contravention.* — La taxe fixée par l'article précédent sera perçue, pour le compte du Trésor, par les compagnies, sociétés et tous autres assureurs, courtiers ou notaires qui auraient rédigé les contrats.

Les répertoires et livres dont la tenue est prescrite par les articles 35, 44, 45 et 47 de la loi du 5 juin 185 , feront mention expresse, pour chaque contrat, du montant des primes ou cotisations exigibles, ainsi que de la taxe payée par les assurés, en exécution de l'article 6 de la présente loi. — (L. 23 août 1871, art. 7, §§ 1 et 2.)

6. Chaque contravention à cette disposition sera passible d'une amende de 10 fr. — (Même article, § 3.)

7. *Sociétés et assureurs étrangers, établissement ou succursale en France. — Enregistrement, timbre.* — Les dispositions de l'art. 7, celles de l'art. 6 qui précèdent (nos 1 et suiv.), celles des lois des 5 juin 1850 (1) et 2 juill. 1862 (2) sont applicables aux sociétés et assureurs étrangers qui au-

---

(1 et 2) Nous reproduisons les dispositions des lois du 5 juin 1850 et du 2 juillet 1862, relatives au timbre du papier des polices d'assurances :

Loi du 5 juin 1850 (extrait) :

TITRE III. — DES POLICES D'ASSURANCES.

SECTION PREMIÈRE. — *Des polices d'assurances autres que les assurances maritimes.*

33. A compter du 1er octobre 1850, tout contrat d'assurance, ainsi que toute convention postérieure contenant prolongation de l'assurance, augmentation dans la prime ou le capital assuré, sera rédigé sur papier d'un timbre de dimension, sous peine de cinquante francs d'amende contre l'assureur, sans aucun recours contre l'assuré. Si l'assuré en fait l'avance, il aura recours contre l'assureur.

Lorsque la police contiendra une clause de tacite reconduction, elle sera en outre soumise au visa pour timbre dans le délai de cinq jours de sa date, sous la même peine de cinquante francs d'amende contre l'assureur. Le droit de visa sera le même que celui du timbre employé pour l'acte.

34. Les sociétés d'assurances mutuelles, les compagnies d'assurances à primes ou autres, sous quelque dénomination que ce soit, et tous assureurs à primes ou autres, se-

raient un établissement ou une succursale en France. — (L. 23 août 1871, art. 7, § 4.)

8. *Contrats d'assurances passés à l'étranger, immeubles situés en France, objets ou valeurs appartenant à des Français. — Enregistrement.* — Les contrats d'assurance passés à l'étranger pour des immeubles situés en France ou pour des objets ou valeurs appartenant à des Français, doivent être enregistrés avant toute publicité ou usage en France, à peine d'un droit en sus qui ne peut être inférieur à cinquante francs.

Le droit est fixé ainsi qu'il suit :

Pour les assurances contre l'incendie, à raison de huit francs par cent

---

ront tenus de faire, au bureau d'enregistrement du lieu où ils auront le siége de leur principal établissement, une déclaration constatant la nature des opérations, et les noms du directeur de la société ou du chef de l'établissement.

Cette déclaration sera faite avant le 1er octobre 1850 par les sociétés, compagnies et assureurs actuellement établis, et par les autres, avant de commencer leurs opérations.

Toute infraction aux dispositions de cet article sera passible d'une amende de mille francs.

35. Les sociétés, compagnies et assureurs seront tenus d'avoir, au siége de l'établissement, un répertoire sommaire en un ou plusieurs volumes, non sujet au timbre, mais coté, parafé et visé, soit par un des juges du tribunal de commerce, soit par le juge de paix, sur lequel ils porteront, par ordre de numéros, et dans les six mois de leur date, toutes les assurances faites soit directement, soit par leurs agents, ainsi que les conventions qui prolongeront l'assurance, augmenteront la prime ou le capital assuré.

A l'égard des sociétés, compagnies et assureurs actuellement établis, le répertoire ne sera obligatoire que pour les opérations qui seront faites à compter du 1er octobre 1850. Ce répertoire sera soumis au visa des préposés de l'enregistrement, selon le mode indiqué par la loi du 22 frimaire an 7.

Les préposés de l'enregistrement pourront exiger, au siége de l'établissement, la représentation, 1° des polices en cours d'exécution, ou renouvelées par tacite reconduction depuis au moins six mois; 2° de celles expirées depuis moins de deux mois.

36. Chaque contravention aux dispositions de l'article précédent, sera passible d'une amende de dix francs.

37. Les sociétés, compagnies d'assurances et tous autres assureurs contre l'incendie et contre la grêle, pourront s'affranchir des obligations imposées par l'art. 33, en contractant avec l'État un abonnement annuel, à raison de deux centimes par mille francs du total des sommes assurées, d'après les polices ou contrats en cours d'exécution.

Les caisses départementales administrées gratuitement, ayant pour but d'indemniser ou de secourir les incendiés au moyen de collectes, pourront aussi s'affranchir des mêmes obligations, en contractant avec l'État un abonnement annuel de un pour cent du total des collectes de l'année.

Les compagnies et tous assureurs sur la vie pourront également s'affranchir de l'obligation imposée par l'art. 33, en contractant avec l'État un abonnement annuel de deux francs par mille du total des versements faits chaque année aux compagnies ou aux assureurs.

L'abonnement de l'année courante se calculera sur le chiffre total des opérations de l'année précédente.

Le payement du droit sera fait par moitié et par semestre, au bureau de l'enregistrement du lieu où se trouvera le siége de l'établissement.

38. Les sociétés, compagnies ou assureurs qui, après avoir contracté un abonnement, voudront y renoncer, seront tenus de payer un droit de trente-cinq centimes par chaque police en cours d'exécution, quels que soient la dimension du papier et le nombre des doubles.

39. Le pouvoir exécutif déterminera la forme du timbre qui, en cas d'abonnement, sera apposé, sans frais, sur le papier destiné aux polices d'assurances et aux feuilles de collectes.

Dispositions transitoires.

40. Les sociétés, compagnies d'assurances et tous autres assureurs seront tenus, dans le délai de six mois à partir de la promulgation de la présente loi, de faire timbrer à l'extraordinaire, ou viser pour timbre, les actes d'assurances en cours d'exécution, et antérieurs au 1er octobre 1850. Il sera perçu par police, quels que soient le nombre des

francs du montant des primes, multiplié par le nombre d'années pour lequel l'assurance a été contractée ;

Pour les assurances maritimes, aux taux fixés par l'article 6 ci-dessus (nº 2). — (L. 23 août 1871, art. 8.)

9. *Contrats d'assurances contre l'incendie passés en France, immeubles ou objets mobiliers situés à l'étranger. — Enregistrement.* — Les contrats d'assurance contre l'incendie passés en France, pour des immeubles ou objets mobiliers situés à l'étranger, ne sont pas assujettis au payement de la taxe ; mais il ne pourra en être fait aucun usage en France, soit par acte public, soit en justice ou devant toute autre autorité constituée, sans qu'ils aient été préalablement enregistrés. Le droit sera perçu au taux fixé par l'article précédent (V. nº 8.), mais seulement pour les années restant à courir.— (Même loi, art. 9.)

10. *Règlement, contravention, peine.* — Un règlement d'administration

---

doubles et la dimension du papier, un droit fixe de trente-cinq centimes, sans aucune amende. L'avance de ce droit sera faite par la société, la compagnie ou l'assureur, sauf recours, pour moitié, contre l'assuré.

Passé le délai de six mois, la société, la compagnie ou l'assureur sera passible d'une amende de dix francs par chaque police d'assurances non timbrée.

41. Les sociétés, compagnies ou assureurs qui, pour l'année 1850, et dans les trois mois de la promulgation de la présente loi, contracteront avec l'Etat l'abonnement annuel autorisé par l'art. 37, seront affranchis du droit fixé par l'article précédent, et leurs polices seront timbrées sans frais, quel qu'en soit le format.

SECTION II. — *Des polices d'assurances maritimes.*

42. A compter du 1er octobre 1850, tout contrat d'assurances maritimes, ainsi que toute convention postérieure contenant prolongation de l'assurance, augmentation dans la prime ou dans le capital assuré, ou bien (en cas de police flottante) portant désignation d'une somme en risque ou d'une prime à payer, sera rédigé sur papier d'un timbre de dimension, sous peine de cinquante francs d'amende contre chacun des assureurs et assurés.

Les conventions postérieures énoncées dans le paragraphe précédent pourront être inscrites à la suite de la police, à la charge pour chacune d'un visa pour timbre au même droit que celui de la police.

Le visa devra être apposé dans les deux jours de la date des nouvelles conventions.

43. Les compagnies d'assurances maritimes seront tenues de faire au bureau d'enregistrement du siége de leur établissement et à celui du siége de chaque agence, une déclaration constatant la nature des opérations et les noms du directeur et de l'agent de la compagnie.

Cette déclaration sera faite, pour les compagnies actuellement existantes, avant le 1er octobre 1850, et pour les autres avant de commencer leurs opérations.

Toute contravention aux dispositions de cet article sera passible d'une amende de mille francs.

44. Les compagnies d'assurances maritimes seront tenues d'avoir, dans chaque agence, un répertoire non sujet au timbre, mais coté, parafé et visé, soit par un des juges du tribunal de commerce, soit par le juge de paix, sur lequel seront, dans les trois jours de leur date, portées par ordre de numéros les assurances qui auront été faites dans ladite agence sans intermédiare de courtier ou de notaire, ainsi que les conventions qui prolongeront l'assurance, augmenteront la prime ou le capital assuré, ou bien (en cas de police flottante) qui porteront la désignation d'une somme en risque ou d'une prime à payer.

A l'égard des compagnies actuellement existantes, le répertoire ne sera obligatoire que pour les opérations qui seront faites à compter du 1er octobre 1850. Ce répertoire sera soumis au visa des préposés de l'enregistrement, selon le mode indiqué par la loi du 22 frimaire an 7, et, toutes les fois qu'ils le requerront, la représentation des polices pourra être exigée au moment du visa.

45. Quiconque voudra faire des assurances maritimes autrement que par l'entremise des notaires ou courtiers, sera tenu de se conformer à l'art. 43 et au premier paragraphe de l'art. 44.

Le répertoire des assureurs particuliers ne donnera lieu qu'au visa prescrit par

publique déterminera le mode de perception et les époques de payement de la taxe établie par l'article 6 ci-dessus, ainsi que toutes les mesures nécessaires pour assurer l'exécution des art. 6 et 7 de la présente loi. (V. nos 1 et suiv.) Chaque contravention aux dispositions de ce règlement sera passible d'une amende de cinquante francs. — (L. 23 août 1871, art. 10.) (1).

AVERTISSEMENTS DONNÉS PAR LES JUGES DE PAIX.

Timbre de 50 centimes. — Les avertissements donnés, aux termes de la loi du 2 mai 1855, avant toute citation, devront être rédigés par le greffier

---

l'art. 51 de la loi du 22 frimaire an 7. La représentation des polices pourra être exigée lors du visa.

46. Chaque contravention à l'art. 44 et au deuxième paragraphe de l'art. 45, sera passible d'une amende de dix francs.

47. Le livre que les courtiers doivent tenir, conformément à l'art. 84 du Code de commerce, sera assujetti au timbre de dimension.

Les notaires seront tenus, comme les courtiers, d'avoir un registre spécial et timbré sur lequel ils transcriront les polices des assurances faites par leur ministère.

Le livre des courtiers et le registre des notaires seront soumis au visa des préposés de l'enregistrement toutes les fois que ceux-ci le requerront.

Toute contravention aux dispositions de cet article emportera une amende de cinquante francs.

48. Tout courtier ou notaire qui sera convaincu d'avoir rédigé une police d'assurances ou d'en avoir délivré une expédition ou un extrait sur papier non timbré, conformément à l'art. 42, encourra une amende de cinq cents francs, et, en cas de récidive, une amende de mille francs, outre les peines disciplinaires prononcées par les lois spéciales.

Loi du 2 juillet 1862 (extrait).

Art. 18. — A partir du 15 juillet 1862, la faculté d'abonnement établie par l'art. 37 de la loi du 5 juin 1850, au profit des sociétés, compagnies d'assurances et assureurs, s'exercera à raison de trois centimes par mille francs du total des sommes assurées.

(1) Le règlement dont il s'agit dans cet article a été rendu le 25 novembre 1871, et promulgué le 26. Voici le texte de ce règlement :

Le Président de la République française, sur le rapport du ministre des finances ; — Vu l'art. 6 de la loi du 23 août 1871, qui établit une taxe obligatoire sur les contrats d'assurances maritimes ou contre l'incendie ; — Vu l'art. 7 de la même loi, portant que cette taxe sera perçue pour le compte du Trésor par les compagnies, sociétés et tous autres assureurs, courtiers ou notaires qui auraient rédigé les contrats ; — Vu l'art. 10 ainsi conçu : « Un règlement d'administration publique déterminera le mode de perception et les époques de payement de la taxe établie par l'art. 6, ainsi que toutes les mesures nécessaires pour assurer l'exécution des art. 6 et 7 ; — « chaque contravention aux dispositions de ce règlement sera passible d'une amende de cinquante francs ; » — La commission provisoire chargée de remplacer le conseil d'État entendue, — décrète :

TITRE PREMIER. — DES ASSURANCES MARITIMES.

Article premier. — La perception de la taxe établie sur les assurances maritimes est faite pour le compte du Trésor et au moment de la signature des polices, savoir :

Par les courtiers ou notaires qui auront rédigé le contrat ;

Par les compagnies, sociétés ou autres assureurs, pour les contrats souscrits sans intervention de courtiers ou de notaires.

Si, dans ce dernier cas, le contrat est souscrit par plusieurs sociétés, compagnies ou assureurs, le montant intégral de la taxe est perçu par le premier signataire désigné sous le nom *d'apériteur* de la police.

Néanmoins, toutes les parties restent tenues solidairement du payement des droits qui n'auraient pas été versés au Trésor aux époques ci-après.

Art. 2. — Les polices provisoires et les polices flottantes ne donnent pas lieu au payement immédiat de la taxe ; mais cette taxe est perçue au moment de la signature de

du juge de paix sur papier au timbre de dimension de cinquante centimes. — (L. 23 août 1871, art. 21.)

BANQUE DE FRANCE.

Billets, émission. — V. ci-dessous, EMPRUNT NATIONAL, n° 7.

BAUX ET LOCATIONS VERBALES.

1. *Déclaration.* — Lorsqu'il n'existe pas de conventions écrites constatant une mutation de jouissance de biens immeubles, il y est suppléé par des déclarations détaillées et estimatives, dans les trois mois de l'entrée en jouissance.

Si la location est faite suivant l'usage des lieux, la déclaration en contiendra la mention. — (L. 23 août 1871, art. 11, §§ 1 et 2.)

2. *Taux du droit.* — Le droit est de 0,20 cent. par 100 fr. du montant de la location, plus les décimes, ce qui fait 0,24 cent. pour 100. — (L. 16 juin 1824, art. 1, et L. 23 août 1871, art 1.)

---

la police définitive, connue sous le nom de police d'aliment, avenant, application, ou sous toute autre dénomination que ce soit.

A cet effet, les polices, avenants ou applications contiennent la mention expresse de la date, du numéro de la police provisoire ou flottante, ainsi que le nom de l'assuré et du navire.

Pareille mention est inscrite sur le livre ou registre que les courtiers ou notaires doivent tenir, en exécution de l'art. 84 du code de commerce et de l'art. 47 de la loi du 5 juin 1850, ainsi que sur le répertoire tenu par les compagnies, sociétés ou assureurs, conformément aux articles 44 et 45 de la loi précitée.

Les polices de réassurances doivent aussi faire mention expresse de la date et du numéro de la police primitive, ainsi que des noms du navire et de l'assureur primitif. Ces indications sont inscrites sur le répertoire tenu par le réassureur. L'assureur primitif inscrit également en marge de son répertoire la date et le numéro de la police de réassurance et le nom du réassureur.

Art. 3. — Le versement du montant des taxes perçues par les courtiers, notaires, sociétés, compagnies ou tous autres assureurs a lieu dans les dix premiers jours qui suivent l'expiration de chaque trimestre et au moment du dépôt des livres et répertoires assujettis au visa trimestriel du receveur de l'enregistrement.

Il est déposé à l'appui du versement un relevé, article par article, de toutes les polices inscrites pendant le trimestre précédent, soit au livre des courtiers ou notaires, soit au répertoire des compagnies, sociétés ou assureurs.

Ce relevé est totalisé, arrêté et certifié.

Il comprend dans des colonnes distinctes :

Le numéro d'ordre du livre ou du répertoire;

Le numéro de la police;

La date de la police;

Le nom de l'assuré;

Le nom du navire;

Le montant des capitaux assurés;

Le montant de la prime;

Le montant de la taxe perçue.

Les polices provisoires, les polices flottantes, les polices de réassurance non sujettes à la taxe, sont portées au relevé, mais pour mémoire seulement.

Par exception, le premier versement comprendra les taxes afférentes aux polices souscrites depuis la promulgation de la loi du 23 août 1871, jusques et y compris le 31 décembre suivant.

Art. 4. — Les polices souscrites sans intermédiaire de courtiers ou de notaires sont inscrites, avec mention de la taxe perçue, au répertoire des compagnies, sociétés et assureurs.

La taxe afférente aux polices concernant plusieurs assureurs est inscrite pour son montant intégral sur le répertoire du premier signataire ou apériteur, avec indication du nom des autres assureurs qui ont souscrit la police commune. Cette police figure, en outre, au répertoire de chacun de ces assureurs, mais seulement pour mémoire.

Les polices de réassurance, lorsqu'elles sont exemptes de la taxe, sont également

3. *Exigibilité du droit, délai, baux de trois, six, neuf ans.* — Les droits d'enregistrement deviendront exigibles dans les vingt jours qui suivront l'échéance de chaque terme, et la perception en sera continuée jusqu'à ce qu'il ait été déclaré que le bail a cessé ou qu'il a été résilié. — (L. 23 août 1871, art. 11, § 3.)

4. — Le droit sera exigible lors de l'enregistrement ou de la déclaration. Toutefois, si le bail est de plus de trois ans et si les parties le requièrent le montant du droit pourra être fractionné en autant de payements égaux qu'il y aura de périodes triennales dans la durée du bail. Le payement des

---

inscrites pour mémoire, avec les annotations marginales prescrites par le dernier alinéa de l art. 2.

Les polices provisoires et les polices flottantes sont inscrites au répertoire à l'encre rouge.

TITRE II. — DES ASSURANCES CONTRE L'INCENDIE.

Art 5. — La taxe fixée par l'art. 6 de la loi du 23 août 1871, pour les assurances contre l'incendie, est établie sur l'intégralité des primes, cotisations ou contributions constatées dans les écritures des compagnies, sociétés et assureurs.

Toutefois, sont déduites pour le calcul de la taxe :

1° Les primes, cotisations ou contributions relatives à des immeubles ou objets mobiliers situés à l'étranger;

2° Celles perçues pour réassurances, à moins que l'assurance primitive souscrite à l'étranger n'ait pas été soumise à la taxe;

3° Les primes, cotisations ou contributions que les sociétés, compagnies et assureurs justifieraient n'avoir pas recouvrées par suite de la résiliation ou de l'annulation de contrats.

Il sera ouvert, dans les écritures des sociétés, compagnies et assureurs, un compte spécial à chacune des différentes natures de primes, cotisations ou contributions énumérées aux trois paragraphes précédents.

Art. 6. — Le payement de la taxe est effectué, pour chaque trimestre, avant le dixième jour du troisième mois du trimestre suivant, au bureau de l'enregistrement du siége des sociétés ou compagnies, ou du domicile de l'assureur.

Toutefois, pour les sociétés d'assurances mutuelles dans lesquelles le montant des cotisations annuelles est, d'après les statuts, exigible par avance le 1er janvier de chaque année, le payement de la taxe afférente aux contrats existants à cette époque est effectué par quart et dans les dix jours qui suivent l'expiration de chaque trimestre.

Art. 7. — Chaque année, après la clôture des écritures relatives à l'exercice précédent, et au plus tard le 31 mai, il est procédé, pour toutes les compagnies, sociétés ou assureurs, à une liquidation générale de la taxe due pour l'exercice entier.

Si de cette liquidation il résulte un complément de taxe au profit du Trésor, il est immédiatement acquitté. Dans le cas contraire, l'excédant versé est imputé sur l'exercice courant.

Art. 8. — A l'appui des versements prescrits par l'article 7, les sociétés, compagnies et assureurs remettent au receveur de l'enregistrement un état certifié conforme à leurs écritures commerciales et indiquant :

1° Le montant des primes, cotisations ou contributions échues pendant le trimestre et provenant des exercices antérieurs;

2° Le montant des mêmes primes, cotisations ou contributions provenant des souscriptions nouvelles;

3° Les déductions à opérer en exécution de l'article 5; il est ouvert une colonne spéciale à chaque nature de déduction;

4° Le montant net des primes, cotisations ou contributions assujetties à la taxe.

Pour opérer la liquidation générale prévue par l'article 7, les sociétés, compagnies et assureurs remettent au receveur de l'enregistrement, avec la balance des comptes ouverts à leur grand livre, un état récapitulatif de la totalité des opérations de l'année précédente. Cet état, dûment certifié, est vérifié au siége social par les agents de l'administration, auxquels sont représentés, à toute réquisition, tous livres, registres, polices, avenants et autres documents, quelle que soit d'ailleurs leur date.

Art. 9. — La taxe due pour la période écoulée depuis le jour où la loi du 23 août 1871

droits afférents à la première période sera seul acquitté lors de l'enregistrement ou de la déclaration, et celui des périodes subséquentes aura lieu dans le premier mois de l'année qui commencera chaque période. — (Même loi, art. 11, § 8.)

5. La dernière disposition du nº 2 du paragraphe 3 de l'article 69 de la loi du 22 frimaire an VII, relative aux baux de trois, six ou neuf années est abrogée. — (Même article, § 9.) (1)

6. *Défaut d'enregistrement ou de déclaration dans les délais, droit en sus.* — A défaut d'enregistrement ou de déclaration dans les délais fixés par les lois des 22 frimaire an VII, 27 ventôse an IX, et par l'article 11 de la présente loi, l'ancien et le nouveau possesseurs, le bailleur et le preneur sont tenus personnellement et sans recours, nonobstant toute stipulation contraire, d'un droit en sus, lequel ne peut être inférieur à cinquante francs.

L'ancien possesseur et le bailleur peuvent s'affranchir du droit en sus qui leur est personnellement imposé, ainsi que du versement immédiat des droits simples, en déposant dans un bureau d'enregistrement l'acte constatant la mutation, ou, à défaut d'acte, en faisant les déclarations prescrites par l'article 4 de la loi du 27 ventôse an IX et par l'article 11 de la présente loi.

Outre les délais fixés pour l'enregistrement des actes ou déclarations, un délai d'un mois est accordé à l'ancien possesseur ou au bailleur pour faire le dépôt ou les déclarations autorisés par le paragraphe qui précède.

Les dispositions du présent article ne sont pas applicables au preneur dans les cas prévus par les paragraphes 5 et 6 de l'article 11 (2). — (Même loi, art. 14.)

7. *Déclaration insuffisante, dissimulation, omission, expertise, peine.* — En cas de déclaration insuffisante, il sera fait application des dispositions des articles 19 et 39 de la loi du 22 frimaire an VII. — (Même loi, art. 11, § 4.)

8. Les nouveaux possesseurs qui auraient fait des omissions ou des estimations insuffisantes dans leurs actes ou déclarations sont admis à les réparer sans être soumis à aucune peine, pourvu qu'ils acquittent les droits simples et les frais dans le délai de trois mois. — (Même loi, art. 17, § 4. — V. aussi, TIMBRE, nº 8.

9. *Déclaration par le bailleur.* — Les obligations imposées au preneur, dans le cas de location verbale, par l'article 11 de la loi du 23 août 1871,

---

est devenue exécutoire jusques et y compris le 31 décembre 1871, sera liquidée conformément au dernier paragraphe de l'article 8, et au plus tard le 31 mai 1872.

Il ne sera pas tenu compte des encaissements ou annulations de primes, cotisations ou contributions échus antérieurement à la promulgation de la loi précitée.

TITRE III. — DISPOSITIONS GÉNÉRALES.

Art. 10. — Les compagnies, sociétés et assureurs étrangers qui feraient en France des opérations d'assurances soit maritimes, soit contre l'incendie, sont soumis aux dispositions du présent règlement. De plus, ils doivent avant toute opération ou déclaration faire agréer par l'administration de l'enregistrement un représentant français personnellement responsable des droits et amendes.

Les compagnies, sociétés et assureurs étrangers établis en France au moment de la promulgation du présent règlement, devront faire agréer ce représentant avant le 1er janvier 1872.

(1) La loi du 22 frim. an VII considérait les baux de trois, six ou neuf ans, comme baux de neuf ans.

(2) V. le § 5, ci-dessous, note du nº 9, et le § 6, nº 10.

seront accomplies, à l'avenir, par le bailleur qui sera tenu du payement des droits, sauf son recours contre le preneur.

Néanmoins, les parties restent solidaires pour le recouvrement du droit simple. — (L. 28 fév. 1872, art. 6.) (1)

10. *Locations verbales non assujetties à la déclaration.* — Ne sont pas assujetties à la déclaration les locations verbales ne dépassant pas trois ans, et dont le prix annuel n'excède pas 100 fr. Toutefois, si le même bailleur a consenti plusieurs locations verbales de cette catégorie, mais dont le prix cumulé excède 100 fr. annuellement, il sera tenu d'en faire la déclaration et d'acquitter personnellement et sans recours les droits d'enregistrement. — (L. 23 août 1871, art. 11, § 6).

11. *Recours du bailleur contre le preneur.* — Si le prix de la location verbale est supérieur à 100 fr., sans excéder 300 fr. annuellement, le bailleur sera également tenu d'en faire la déclaration et d'acquitter les droits exigibles, sauf son recours contre le preneur qui sera dispensé, dans ce cas, de la formalité de la déclaration. — (Même article, § 7.)

12. *Exécution de la loi.* — Les dispositions du présent article ne seront exécutoires qu'à partir du 1er octobre prochain. — (Même article, § 10.)

13. *Baux sous seing privé.* — Les baux sous seing privé doivent être enregistrés. —V. ci-dessus, n° 1 et ENREGISTREMENT, n° 2.

BIÈRES. — V. BOISSONS.

BILLARDS PUBLICS ET PRIVÉS.

1. *Taxe annuelle, tarif.*— A dater du 1er octobre 1871, les billards publics et privés seront soumis aux taxes suivantes :

Paris.	60 fr.
Villes au-dessus de 50,000 âmes.	30 fr.
Villes de 10,000 âmes à 50,000 âmes	15 fr.
Ailleurs.	6 fr.

(L. 16 sept. 1871, art. 8.)

2. *Taxe assimilée aux contributions directes.* — V. l'art. 5 de la loi du 18 déc. 1871, au mot CERCLES, ci-dessous, p. 16, n° 3.

3. *Déclaration, inexactitude, omission.* — V. l'art. 10 de la loi du 16 sept. 1871, *ibid.*, n° 2.

BOISSONS.

1. *Alcool, eaux-de-vie, fruits à l'eau-de-vie, absinthe.* — V. ALCOOLS.

2. *Bières, droit de fabrication.* — Le droit à la fabrication des bières sera porté, pour la bière forte, à 3 fr. 60 l'hectolitre, décimes compris; pour la petite bière, à 1 fr. 20. — (L. 1er sept. 1871, art. 4.)

3. *Bières, droit de douane, importation.* — 7 fr. l'hectolitre. — (L. 26 juill. 1872, art. 1er.)

---

(1) Cet article, déclaré applicable à l'Algérie par le décret du 23 mars 1872, remplace le § 5 de l'art. 11 de la loi du 23 août 1871, qui était ainsi conçu :

« La déclaration doit être faite par le preneur ou, à son défaut, par le bailleur, ainsi qu'il est dit à l'article 14 ci-après. » (V. n° 6).

4. *Vins, cidres, poirés, hydromels, droit de circulation.* — Le droit de circulation sur les vins, cidres, poirés et hydromels sera perçu, en principal et par chaque hectolitre, conformément au tarif ci-après :

Vins en cercles, à destination des départements : 1re classe, 1 fr. 20 ; 2e classe, 1 fr. 60 ; 3e classe, 2 fr. ; 4e classe, 2 fr. 40.

Vins en bouteilles, quel que soit le département, 15 fr.

Cidres, poirés et hydromels, 1 fr. — (L. 1er sept. 1871, art. 1er, §§ 1, 2, 3 et 4.)

5. *Vins, entrées de Paris, villes rédimées, taxes de remplacement.* — La « taxe de remplacement » perçue aux entrées de Paris sera portée en principal :

Sur les vins en cercles, à 8 fr. 50 ; en bouteilles, à 15 fr.

Dans les autres villes rédimées, la taxe de remplacement sera revisée, eu égard au nouveau droit de circulation. — (L. 1er sept. 1871, art. 1er, §§ 5, 6 et 7.)

6. *Vins, état naturel, force alcoolique.* — Les vins qui, dans leur état naturel, seront connus comme présentant une force alcoolique supérieure à 15° seront marqués au départ chez le récoltant expéditeur avec mention dans l'acquit-à-caution, et seront affranchis des doubles droits de consommation d'entrée et d'octroi. — (L. 2 août 1872, art. 3.) (1)

7. *Vins, droit de douane, importation.* — Vins autres que de liqueur, 5 fr. l'hectolitre ; vins de liqueur, 20 fr. l'hectolitre. — (L. 8 juill. 1871, art. 3.)

BOUILLEURS DE CRU. — V. ALCOOLS, n° 9.

CACAOS.

1. *Droits de douane, importation.* — Cacaos en fèves : des pays hors d'Europe, y compris les possessions françaises, 100 fr. les 100 kilog. ; d'ailleurs, 120 fr. les 100 kilog. — (L. 8 juill. 1871, art. 8.)

2. Cacao broyé. — V. CHOCOLAT.

CAFÉ.

Droits de douane, importation. — Café en fèves : des pays hors d'Europe, y compris les possessions françaises, 150 fr. les 100 kil. ; d'ailleurs, 170 fr. les 100 kil. — Café torréfié ou moulu, 200 fr. les 100 kil. — (L. 8 juill. 1871, art. 5.)

CARTES A JOUER.

Droit unique. — Les droits de 0 fr. 25 et de 0 fr. 40, actuellement perçus par chaque jeu de cartes à jouer, sont remplacés par un droit unique de 50 centimes, en principal (2), par jeu, quel que soit le nombre de cartes dont il se compose et quels que soient la forme et le dessin des figures.

Le supplément de taxe sera payé par les fabricants de cartes, sur les quantités reconnues en leur possession et déjà imposées, d'après le tarif qui est modifié. — (L. 1er sept. 1871, art. 5.)

---

(1) Cet article abroge l'art. 3 de la loi du 1er sept. 1871, ainsi conçu :
Les vins présentant une force alcoolique supérieure à 16 degrés sont passibles du double droit de consommation, d'entrée ou d'octroi pour la quantité d'alcool comprise entre 15 et 21 degrés. Les vins présentant une force alcoolique supérieure à 21 degrés seront imposés comme alcool pur.

(2) 60 centimes avec les décimes.

CAUTIONNEMENT.

Adjudication de travaux publics, marchés de fourniture, droit fixe gradué. — V. ENREGISTREMENT, n° 10-9°.

CERCLES, SOCIÉTÉS ET LIEUX DE RÉUNION

1. *Taxe annuelle, tarif, payement, exception.* — A dater du 1er octobre 1871, les abonnés des cercles, sociétés et lieux de réunion où se payent des cotisations, supporteront une taxe de 20 0/0 desdites cotisations payées par les membres ou associés.

Cette taxe sera acquittée par les gérants, secrétaires ou trésoriers.

Ne sont pas assujetties à la taxe, les sociétés de bienfaisance et de secours mutuels, ainsi que celles exclusivement scientifiques, littéraires, agricoles, musciales, dont les réunions ne sont pas quotidiennes. — (L. 16 sept. 1871, art. 9.)

2. *Déclaration, inexactitude, omission.* — Les taxes établies par les articles 8 (1) et 9 de la présente loi, seront doublées pour les contribuables qui auront fait des déclarations inexactes, ou qui n'auront pas fait leur déclaration dans les trois mois qui suivront la présente loi, et, à l'avenir, avant le 31 janvier de chaque année.

Lorsqu'il n'y aura pas lieu à perception nouvelle ou à changement dans la perception antérieure, la déclaration ne sera pas exigée et la taxe continuera à être perçue sur le pied de l'année précédente. — (Même loi, art. 10.)

3. *Taxe assimilée aux contributions directes.* — Les taxes sur les billards publics et privés, et sur les cercles, sociétés et lieux de réunion, sont recouvrées comme en matière de contributions directes. Néanmoins, la taxe sur les cercles, sociétés et lieux de réunion, est payable en une seule fois dans le mois qui suit la publication du rôle. Il en est de même en ce qui concerne les taxes dues sur les billards pour le dernier trimestre de l'année 1871.

Pour les deux taxes, l'instruction et le jugement des réclamations en décharge ou réduction et les demandes en remise ou modération ont lieu comme en matière de contributions directes.

Des règlements d'administration publique détermineront les mesures nécessaires pour l'exécution de la présente loi et des articles 8, 9 et 10 de la loi du 16 septembre 1871. — (L. 18 déc. 1871, art. 5.) (2)

---

(1) V. *suprà*, v° BILLARDS.

(2) Le règlement indiqué par le dernier paragraphe de cet article a été rendu le 27 déc. 1871 et promulgué au *Journ. off.* du 29. — Voici le texte de ce règlement.

ART. 1er. — Les gérants, secrétaires ou trésoriers des cercles, sociétés et lieux de réunion passibles de la taxe, doivent faire chaque année, avant le 31 janvier, à la mairie des communes dans lesquelles se trouvent lesdits établissements, une déclaration indiquant le nombre des abonnés, membres ou associés ayant fait partie du cercle, de la société ou de la réunion pendant l'année précédente, ainsi que le montant correspondant de leurs cotisations.

2. La déclaration du gérant, secrétaire ou trésorier est inscrite sur un registre spécial et signée par le déclarant ; il en est délivré un récépissé reproduisant les détails énoncés ci dessus.

Lorsque la déclaration est effectuée par un fondé de pouvoir, le fait est relaté sur le registre et le récépissé.

3. La taxe sur les cercles, sociétés et lieux de réunion est payable en une seule fois, dans le mois qui suit la publication du rôle.

Elle est perçue sur les abonnés, membres ou sociétaires par les gérants, secrétaires

CHEMINS DE FER ET VOITURES PUBLIQUES.

Prix des places, transport de bagages à grande vitesse. — A dater du 15 octobre 1871, il sera perçu, au profit du Trésor public, une taxe additionnelle de 10 0/0 du prix actuel :

1° Sur le prix des places des voyageurs transportés par chemins de fer, par voitures publiques, par bateaux à vapeur et autres consacrés au public ;

2° Sur les prix de transports de bagages et messageries à grande vitesse par les mêmes voies.

Dans l'application de la taxe, il ne sera pas tenu compte de tout prix ou fraction de prix sur lesquels la taxe serait inférieure à cinq centimes. — (L. 16 sept. 1871, art. 12.) (1).

V. Récépissés de Chemins de fer et Lettres de voitures.

CHÈQUES. — V. Quittances.

CHEVAUX ET VOITURES.

1. *Taxe annuelle, rétablissement.* — La loi du 2 juillet 1862, sur l'impôt des chevaux et des voitures, est remise en vigueur à dater du 1er janvier 1872. — (L. 16 sept. 1871, art. 7.)

Nous reproduisons dans les numéros suivants la loi du 2 juillet 1862, modifiée par celle du 23 juillet 1872.

2. *Chevaux et voitures imposés.* — A partir du 1er janvier 1873, les taxes spécifiées à l'article 5 de la loi du 2 juillet 1862, concernant la contribution sur les voitures et les chevaux, seront appliquées :

1° Aux voitures suspendues destinées au transport des personnes ;

2° Aux chevaux servant à atteler les voitures imposables ;

3° Aux chevaux de selle. — (L. 23 juill. 1872, art. 5.) (2).

---

ou trésoriers des cercles, sociétés et lieux de réunion, qui sont chargés d'en verser le montant entre les mains des percepteurs des contributions directes.

4. Dans le cas de dissolution ou de fermeture, en cours d'exercice, d'un cercle, d'une société ou d'un lieu de réunion, la taxe est payée immédiatement.

A cet effet, une déclaration spéciale est faite selon les formes indiquées à l'article 2, dans les dix jours de la dissolution ; cette déclaration est immédiatement transmise par le maire au directeur des contributions directes, qui donne avis au redevable du montant de la somme à acquitter ; le payement doit avoir lieu dans les huit jours de la réception de cet avis.

5. Lorsque les faits pouvant donner lieu à des doubles taxes n'ont pas été constatés en temps utile pour entrer dans la formation du rôle primitif, il est dressé dans le cours de l'année un rôle supplémentaire.

6. Les rôles des taxes sur les cercles, sociétés et lieux de réunion où se payent des cotisations sont établis par ressort de perception et dressés d'après des états matrices rédigés par les agents de contributions directes.

7. L'état matrice présente, d'une part, les noms, prénoms, professions et résidences des redevables, et, d'autre part, le détails des bases d'imposition.

DISPOSITIONS TRANSITOIRES

8. Les taxes applicables à l'année 1871, pour les cercles, sociétés et lieux de réunion, seront calculées à raison de vingt pour cent des cotisations payées pour le quatrième trimestre de 1871.

Les doubles taxes, pour omission de déclaration en temps utile ou déclaration reconnue inexacte ou incomplète, seront établies d'après les mêmes bases.

9. Les déclarations concernant l'année 1871 seront faites par les redevables et inscrites dans les formes prescrites par les articles 1 et 2, avant le 31 janvier 1872.

(1) Il résulte du dernier paragraphe de cet article que les places coûtant moins de 50 centimes sont exemptées de ce nouvel impôt qui, par conséquent, n'atteint pas le prix des places d'omnibus et des voyages de petite distance.

(2) Cet article remplace l'art. 5 de la loi du 2 juillet 1862.

3. *Tarif.* — Cette contribution sera établie d'après le tarif suivant :

VILLES, COMMUNES OU LOCALITÉS dans lesquelles le tarif est applicable	SOMME A PAYER non-compris le fonds de non-valeur par chaque VOITURE à 4 roues	à 2 roues	CHEVAL de selle ou d'attelage
Paris.	60 fr.	40 fr.	25 fr.
Les communes autres que Paris ayant plus de 40,00 âmes de population.	50	25	20
Les communes de 20,001 âmes à 40,000 âmes. .	40	20	15
Les communes de 3,001 âmes à 20,000 âmes. .	25	10	10
Les communes de 3,000 âmes et au-dessous. .	10	5	5

(L. 2 juill. 1862, art. 5.)

4. *Réduction de la taxe à moitié.*— La taxe est réduite de moitié pour les voitures et les chevaux imposables d'après l'article ci-dessus (V. n° 2), lorsqu'ils sont exclusivement employés au service de l'agriculture ou d'une profession quelconque donnant lieu à l'imposition de droits de patente, sauf en ce qui concerne les professions rangées dans le tableau G annexé à la loi du 18 mai 1850 et dans les tableaux correspondants annexés aux lois de patentes subséquentes. — (L. 23 juill. 1872, art. 6.)

5. *Exemptions.* — Ne donnent pas lieu au payement de la taxe :
1° (1).
2° Les juments et étalons exclusivement consacrés à la reproduction ;
3°. (2). — (L. 2 juill. 1862, art. 7)

6. L'exemption prévue par le numéro précédent est étendue :
1° Aux voitures et chevaux affectés exclusivement au service des voitures publiques qui sont soumises aux droits perçus par l'administration des contributions indirectes ;
2° Aux chevaux et voitures possédés par les marchands de chevaux, carrossiers, marchands de voitures, et exclusivement destinés à la vente ou à la location ;
3° Aux chevaux et voitures possédés en conformité des règlements du service militaire ou administratif (3). — (L. 23 juill. 1872, art. 7.)

7. *Vingtième attribué aux communes.* — Il sera attribué aux communes un vingtième du produit de l'impôt établi par l'article 4 de la loi du 2 juillet 1862 et dont l'assiette est modifiée par la présente loi, déduction faite des cotes et portions de cotes dont le dégrèvement aura été accordé. — (L. 23 juill. 1872, art. 10.) (4).

(1) Ce § est remplacé par le § 3 de l'art. 7 de la loi du 23 juill. 1872.
(2) Ce § portait : « Les chevaux et voitures exclusivement employés aux travaux de l'agriculture ou d'une profession quelconque donnant lieu à l'application de la patente. » — Il est remplacé par l'art. 6, de la loi du 23 juill 1872, ci-dessus, n° 4.
(3) Ce § reproduit le 1° de l'art. 7 de la loi du 2 juill. 1862, sauf les derniers mots : « et par les ministres des différents cultes. ».
(4) L'art. 4 de la loi du 2 juill. 1862, attribuait un dixième aux communes.

8. *Taxe due pour l'année entière. — Acquisition de chevaux ou voitures dans le courant de l'année.* — Les possesseurs de chevaux et de voitures imposables sont passibles de la taxe pour l'année entière, en ce qui concerne les faits existants au 1er janvier.

Les personnes qui, dans le courant de l'année, deviennent possesseurs de voitures ou de chevaux imposables, doivent la contribution à partir du 1er du mois dans lequel le fait s'est produit, et sans qu'il y ait lieu de tenir compte des taxes imposées au nom des précédents possesseurs. — (L. 23 juill. 1872, art. 8.) (1).

9. *Changement de résidence.* — Dans le cas où, à raison d'une résidence nouvelle, le contribuable devient passible d'une taxe supérieure à celle à laquelle il a été assujetti au 1er janvier, il doit un droit complémentaire égal au montant de la différence, et calculé à partir du 1er du mois dans lequel le changement de résidence s'est produit. — (Même loi, art. 9.) (2).

10. *Résidences multiples.* — Si le contribuable a plusieurs résidences, il sera, pour les chevaux et les voitures qui le suivent habituellement, imposé dans la commune où il est soumis à la contribution personnelle, conformément à l'article 13 de la loi du 21 avril 1832, mais la contribution sera établie suivant la taxe de la commune dont la population est la plus élevée. Pour les chevaux et les voitures qui restent habituellement attachés à l'une de ces résidences, le contribuable sera imposé dans la commune de cette résidence et suivant la taxe afférente à la population de cette commune. — (L. 2 juill. 1862, art. 10.)

11. *Déclaration.* — Les contribuables sont tenus de faire la déclaration des voitures et des chevaux à raison desquels ils sont imposables, et d'indiquer les différentes communes où ils ont des habitations, en désignant celles où ils ont des éléments de cotisation en permanence. — Les déclarations sont valables pour toute la durée des faits qui y ont donné lieu; elles doivent être modifiées dans le cas de changement de résidence hors de la commune ou du ressort de la perception, et dans le cas de modifications survenues dans les bases de cotisation. — Les déclarations seront faites ou modifiées, s'il y a lieu, le 15 janvier, au plus tard, de chaque année, à la mairie de l'une des communes où les contribuables ont leur résidence. — Si les déclarations ne sont pas faites dans le délai ci-dessus, ou si elles sont inexactes ou incomplètes, il y sera suppléé d'office par le contrôleur des contributions directes, qui est chargé de rédiger, de concert avec le maire et les répartiteurs, l'état matrice destiné à servir de base à la confection du rôle. En cas de contestation entre le contrôleur, le maire et les répartiteurs, il sera, sur le rapport du directeur des contributions directes, statué par le préfet, sauf référé au ministre des finances, si la décision était contraire à la proposition du directeur, et dans tous les cas sans préjudice pour le contribuable, du droit de réclamer après la mise en recouvrement du rôle. — (L. 2 juill. 1862, art. 11.)

12. Dans les cas prévus à l'art. 9 et au § 2 de l'art. 8, de la loi du 23 juillet 1872 (V. ci-dessus, nos 8 et 9), les déclarations que les contribuables sont tenus de faire en exécution de l'art. 11 de la loi du 2 juill. 1862 (V. no 11.), doivent être effectuées dans le délai de trente jours, à partir de la date à laquelle se

(1 et 2) Les art. 8 et 9 de la loi de 1872 remplacent l'art. 9 de la loi du 2 juill. 1862 ainsi conçu :

« La contribution établie par l'article 4 précité est due pour l'année dernière, en ce qui concerne les faits existants au 1er janvier. Dans le cas où, à raison d'une résidence nouvelle, le contribuable devient passible d'une taxe à laquelle il a été assujetti au 1er janvier, il ne doit qu'un droit complémentaire égal au montant de la différence. »

sont produits les faits susceptibles de motiver l'imposition de nouvelles taxes ou de suppléments de taxes. — (L. 23 juill. 1872, art. 9.)

13. *Déclaration inexacte, doublement de la taxe.* — Les taxes sont doublées pour les voitures et les chevaux qui n'auront pas été déclarés ou qui auront été déclarés d'une manière inexacte. — (L. 2 juill. 1862, art. 12.)

14. *Centimes additionnels pour décharges, etc., assiette de l'impôt, confection des rôles. — Taxe assimilée aux contributions directes.* — Il est ajouté à l'impôt cinq centimes par franc pour couvrir les décharges, réductions, remises ou modérations, ainsi que les frais de l'assiette de l'impôt et ceux de la confection des rôles, qui seront établis, arrêtés, publiés et recouvrés comme en matière de contributions directes. En cas d'insuffisance, il sera pourvu au déficit par un prélèvement sur le montant de l'impôt. — (L. 2 juill. 1862, art. 13.)

CHICORÉE.

1. *Droit de fabrication, tarif.* — La racine de chicorée préparée est soumise à un droit de fabrication de 0 fr. 30 cent. par kil., décimes compris. — (L. 4 sept. 1871, art. 6, § 1.)

2. *Exemption de droit, chicorée exportée.* — La chicorée exportée sera affranchie des droits. — (Même article.)

3. *Fabriques, visites, exercices, déclaration. — Taxe assimilée aux contributions indirectes. — Contravention, fraude, peine.* — Les dispositions de l'article 4 de la présente loi sont applicables à la constatation du droit sur la chicorée ainsi qu'à la vente et à la circulation de ce produit.

Sont également applicables à la fabrication de la chicorée préparée les dispositions de l'article 5, et notamment les dispositions pénales. — (L. 4 sept. 1871, art. 6, § 2 et 3.)

Voici le texte des articles 4 et 5 relatifs aux allumettes chimiques dont l'impôt a été remplacé par le monopole de l'Etat : —(V. ALLUMETTES CHIMIQUES).

Le droit sur les allumettes chimiques fabriquées en France sera assuré au moyen de l'exercice des fabriques et des débits par les employés des contributions indirectes.— (L. 4 sept. 1871, art. 4.)

Les allumettes chimiques fabriquées à l'intérieur ou importées ne pourront circuler ou être mises en vente qu'en boîtes ou paquets fermés et revêtus d'une vignette timbrée constatant la perception du droit. — (Même article).

Dans les trois jours de la promulgation de la présente loi, les fabricants d'allumettes chimiques seront tenus de faire la déclaration de leur industrie dans un bureau de la régie et de désigner les espèces et quantités d'allumettes qu'ils auront en leur possession. Ces quantités seront passibles de l'impôt.

Une déclaration devra être également faite dans un délai de dix jours avant le commencement des travaux par les fabricants nouveaux.

Toute fabrication sans déclaration sera punie d'une amende de 100 fr. à 1,000 fr., sans préjudice de la confiscation des objets saisis et du remboursement du droit fraudé.

Toute autre contravention, soit du fabricant, soit du débitant, sera punie d'une amende de 100 à 1,000 fr., sans préjudice de la confiscation des objets saisis et du remboursement du droit fraudé. — (L. 4 sept. 1871, art. 5.)

4. — Sont applicables aux visites et exercices des employés des contributions indirectes dans les fabriques de chicorée et de papier (1), ainsi que dans les imprimeries des journaux et autres publications périodiques (2), les dispositions énoncées aux articles 235, 236, 237, 238, 245 de la loi du 28 avril 1816 (3).

Les contraventions aux dispositions ci-dessus seront poursuivies, et les amendes et confiscations réparties comme en matière de contributions indirectes. — (L. 4 sept. 1871, art. 8.)

5. *Règlement d'administration publique.* — Un règlement d'administration publique statuera sur les mesures que nécessitera l'exécution de la présente loi, en ce qui concerne les dispositions des articles 4 et suivants. — (L. 4 sept. 1871, art. 9.) (4).

(1 et 2) V. PAPIER, ci-dessous, p. 50.

(3) Ces articles de la loi de 1816 règlent les formalités à observer par les employés des contributions indirectes dans les visites et exercices.

(4) Voici le texte de ce règlement, rendu le 30 novembre 1871 et promulgué au *Journ. offic.* du 1er décembre.

TITRE I. — DES FABRICANTS ET DES MARCHANDS EN GROS ET COMMISSIONNAIRES POURVUS DE LA LICENCE DE FABRICANT.

Art. 1er. — Les fabricants de racine de chicorée préparée doivent, au moment où ils font la déclaration prescrite par les articles 5 et 6 de la loi du 4 septembre 1871, payer le prix de la licence dont ils sont tenus de se munir en vertu de l'article 10 de la loi.

Tant qu'ils n'ont pas déclaré cesser leur industrie, ils ont à payer, dès le 1er janvier de chaque année, le même droit de licence.

Si le payement n'est pas effectué au 1er janvier, il est procédé au recouvrement du droit de licence par voie d'avertissement et de contrainte, dans les conditions fixées par la législation des contributions indirectes pour les autres droits constatés.

Art. 2. — La déclaration prescrite par les articles 5 et 6 de la loi du 4 septembre 1871 doit indiquer la situation de la fabrique et en présenter la description.

Cette déclaration indique, en outre : 1° le mode de fabrication ; 2° les types adoptés pour les paquets, leur forme et leur poids ; 3° le régime de la fabrique pour les jours et heures de travail.

Tout changement dans le mode de fabrication, dans la forme des paquets ou dans le régime de la fabrique pour les jours et heures de travail, est l'objet d'une nouvelle déclaration.

Néanmoins, dans les cas imprévus, le fabricant peut se borner à constater sur les registres mis à sa disposition par l'administration, ainsi qu'il est dit à l'article 7, la nécessité où il se trouve de continuer le travail en dehors des heures déterminées.

Lorsque le fabricant veut suspendre ou cesser les travaux de fabrication, il doit également en faire la déclaration au bureau de l'administration des contributions indirectes.

Art. 3. — Pour chaque fabrique, le nombre des types de paquets est limité de la manière suivante :

Paquets de 250, 500 et 1,000 grammes.

Quelle que soit leur forme, les paquets doivent être disposés de telle sorte qu'ils puissent être scellés au moyen des timbres ou vignettes timbrées prescrites par l'article 4 de la loi du 4 septembre 1871.

Art. 4. — A l'extérieur du bâtiment principal de tout établissement où l'on fabrique de la chicorée, les mots: FABRIQUE DE CHICORÉE doivent être inscrits en caractères apparents.

Art. 5. — L'administration des contributions indirectes peut exiger :

1° Que les jours et fenêtres donnant directement sur la voie publique ou sur les propriétés voisines soient garnis d'un treillis de fer à mailles de 5 centimètres au plus ;

2° Que la fabrique et ses dépendances n'aient qu'une entrée habituellement ouverte, et que les autres soient fermées à deux serrures, la clef de l'une des serrures étant aux mains des employés de l'administration.

Si la fabrique n'est pas séparée de tout autre bâtiment, toute communication intérieure entre la fabrique et les maisons voisines non occupées par le fabricant est interdite et doit être scellée.

Art. 6. — Un local convenable d'au moins 20 mètres carrés doit être disposé par le fabricant, si l'administration en fait la demande, pour servir de bureau aux employés. Ce

6. *Licence.* — V. LICENCE (DROITS DE).

7. *Droits de douane, Importation.* — Chicorée brûlée ou moulue, 55 fr. les 100 kil. — (L. 8 juill. 1871, art. 6.)

---

local doit être pourvu de tables, de chaises, d'un poêle ou d'une cheminée et d'une armoire fermant à clef.

Le loyer en est supporté par l'administration.

Art. 7. — L'administration fournit gratuitement aux fabricants un registre imprimé sur lequel ils doivent inscrire, comme éléments d'appréciation de contrôle :

1° Au moment où elles sont introduites dans leurs usines, les quantités de cossettes provenant de l'extérieur;

2° A la fin de chaque journée, les quantités de cossettes préparées à l'intérieur.

A la fin de chaque journée, les fabricants inscrivent au même registre :

1° Les quantités de cossettes soumises à la torréfaction ;

2° Les quantites retirées des tourailles ;

3° Les quantités de cossettes passées aux moulins ;

4° Les quantités de chicorée retirées des moulins ;

Enfin, par type ou format, les quantités de chicorée mises en paquets.

Ce registre sert également à recevoir les mentions prescrites par l'article 2, § 4, l'article 17, § 4, et l'article 18.

Art. 8. — L'administration peut, selon les circonstances, exiger que les timbres ou vignettes timbrées sans lesquels les paquets ne peuvent circuler ou être mis en vente, soient apposés par les fabricants, sous sa surveillance, ou faire apposer les timbres ou vignettes par ses agents.

Dans le premier cas, il est accordé aux fabricants une remise dont le taux est débattu entre eux et l'administration ou, à défaut de fixation amiable, réglé par un expert que désigne le président du tribunal civil.

Art. 9. — Quand les fabricants sont chargés de l'apposition des timbres ou vignettes, ils peuvent l'effectuer à mesure que les paquets sont garnis, et ils ont, en outre, la faculté de procéder immédiatement à l'opération de l'emballage.

Ils deviennent, par suite, comptables envers l'administration des timbres et vignettes qui leur ont été remis.

Art. 10. — Lorsque l'administration reste chargée d'apposer les timbres ou vignettes, les fabricants sont tenus de faire passer les paquets dans le local servant de bureau à mesure qu'ils sont garnis, puis de les en retirer immédiatement après l'apposition des timbres ou vignettes.

Les fabricants délivrent à l'administration un reçu des timbres ou vignettes apposées sur les paquets qui sont ainsi remis à leur disposition, et dès ce moment ils en sont comptables.

Art. 11. — Les paquets de chicorée importés qui ne sont pas revêtus de timbres ou vignettes ne peuvent être introduits en France qu'en vertu d'acquits-à-caution et s'ils sont adressés à un fabricant ou bien à un marchand en gros ou commissionnaire pourvu de la licence de fabricant.

Art. 12. — Les paquets revêtus de timbres ou de vignettes doivent être placés immédiatement dans un local spécial fermant à clef. Ils y sont disposés de manière que le recensement puisse en être fait avec exactitude et célérité.

Les fabricants sont tenus de placer successivement dans un compartiment distinct du même magasin, ou dans un autre local spécial fermant à clef, les paquets non revêtus de timbres, ainsi que les colis qu'ils se réservent d'exporter ou d'expédier à d'autres fabricants avec transport du crédit des droits.

Si les paquets sont l'objet d'un emballage, l'enveloppe porte la mention : *sans timbres*.

Art. 13. — Les envois de fabrique à fabrique ou de fabrique à magasin de dépôt peuvent avoir lieu avec transport de la perception des droits à la charge du destinataire.

Ces envois ont lieu en vertu d'acquits-à-caution, et le destinataire ne peut introduire les chargements dans son usine ou magasin qu'en présence des employés de l'administration.

Art. 14. — Les marchands en gros et les commissionnaires peuvent obtenir de l'administration le crédit de l'impôt dans les mêmes conditions que les fabricants, à la charge de se munir d'une licence de fabricant, de se soumettre à l'exercice et de fournir une

CHIFFRE DES AFFAIRES.

L'impôt sur le chiffre des affaires proposé par MM. Feray, André, le duc Decazes et plusieurs de leurs collègues, comme amendement à l'impôt sur les

---

caution qui s'engage solidairement avec eux à payer les droits sur les quantités imposables.

Art. 15. — Lorsqu'il s'agit d'envois à destination de l'étranger ou d'envois de fabrique à fabrique ou magasin avec transport du crédit de l'impôt, la chicorée peut être expédiée même en vrac. Dans ce dernier cas, la chicorée doit être placée dans des colis fermant hermétiquement, et elle ne peut être transportée que sous la garantie du plomb de l'administration des contributions indirectes, qui perçoit 10 centimes à titre de remboursement des frais de l'opération.

Pour les envois à destination de l'étranger, comme pour les envois de fabrique à fabrique, l'expéditeur est tenu de se munir d'un acquit-à-caution.

Art. 16. — Les employés de l'administration tiennent un compte général présentant :

D'une part, l'entrée et la sortie des timbres et vignettes qu'ils ont reçus ;

D'autre part, l'emploi des timbres et vignettes dont les fabricants sont comptables.

Les fabricants sont tenus de payer immédiatement le prix des timbres et vignettes reconnus manquant à leur charge.

Art. 17. — Il est mis gratuitement à la disposition des fabricants un registre à souche où ils doivent inscrire, successivement et avant l'enlèvement, la quantité de chicorée par type de paquets qui doit sortir des fabriques sans transfert du crédit de l'impôt.

L'inscription constate, en outre, à la souche et à l'ampliation du registre : 1° l'heure précise de l'enlèvement ; 2° le nom et la qualité du destinataire ; 3° le lieu de destination.

Les énonciations relatives à la quantité de chicorée constituent les éléments de la perception de l'impôt.

Ne sont point inscrits audit registre les envois effectués en vertu d'acquits-à-caution : ces envois sont mentionnés au registre dont la tenue est prescrite par l'article 7.

Art. 18. — Les réintégrations en fabrique pour une cause quelconque sont déclarées et constatées de la manière prescrite pour les envois de fabrique à fabrique par l'article 13 du présent règlement.

Toutefois, dans le cas d'urgence, il suffit que le fabricant constate les réintégrations au registre dont la tenue est prescrite par l'article 7, et qu'il en informe immédiatement les employés chargés de l'exercice de son usine.

Art. 19. — Les quantités enlevées des fabriques et passibles du droit sont successivement imputées au compte des quantités libérées d'impôt qui y auraient été introduites, et elles ne donnent lieu à la perception de la taxe qu'après apurement de ce compte.

Art. 20. — Les registres dont la tenue est prescrite par les articles 7 et 17 doivent être représentés à toute réquisition des employés de l'administration.

Art. 21. — L'administration peut accorder, par voie de décharge ou de restitution, la remise des droits afférents aux quantités de chicorée qui, par accident, seraient détruites ou mises hors d'usage, soit chez les fabricants ou chez les marchands en gros ou commissionnaires pourvus de la licence de fabricant, soit en cours de transport.

Art. 22. — L'administration règle de mois en mois les sommes dues par les fabricants, marchands en gros ou commissionnaires.

Lorsque le décompte s'élève à plus de 300 fr., les sommes dues peuvent être payées en une obligation cautionnée à quatre mois de terme, sous la condition que l'obligation sera souscrite au plus tard cinq jours après le règlement mensuel. Toutefois les fabricants, les marchands en gros et commissionnaires ont alors à payer une remise de 1/3 pour 100.

Si le payement des sommes supérieures à 300 fr. est effectué au comptant en numéraire, il est alloué un escompte qui est déterminé par un arrêté du ministre des finances, mais à la condition que le payement des droits soit effectué au plus tard cinq jours après le règlement mensuel. Dans ces limites, l'ajournement de la perception n'entraîne aucune réduction dans le calcul de l'escompte.

Art. 23. — A défaut de payement en obligations cautionnées ou au comptant avec escompte, le recouvrement des droits est poursuivi par voie d'avertissement et de contrainte, dans les conditions fixées par la législation des contributions indirectes.

Art. 24. — En cas de non accomplissement des conditions inhérentes aux acquits-à-

matières premières proposé par le Gouvernement, a été repoussé par l'Assemblée nationale, et remplacé par un contre-projet de M. Gaslonde sur les patentes. — (V. les séances du 1er au 16 juill. 1872, *Journ. off.* du 2 au 17 juill.) — V. MATIÈRES PREMIÈRES ; PATENTE.

CHOCOLAT.

1. *Importation de l'étranger en France et en Algérie.* — Chocolat et cacao broyé, 160 fr. les 100 kil. — (L. 8 juill. 1871, art. 9)

2. Les chocolats et cacaos broyés, de provenance étrangère, importés en Algérie, payeront les droits du tarif métropolitain. — (L. 26 juill. 1872, art. 6.)

3. *Importation de l'Algérie en France.* — Les chocolats et cacaos broyés, importés d'Algérie en France, seront soumis aux droits d'importation ci-après :

Chocolats 89 fr. 25 cent. les 100 kil., cacaos broyés 116 fr. 66 cent. les 100 kil. — (Même article).

CIDRES. — V. BOISSONS, no 4.

CIRCULAIRES, PROSPECTUS, IMPRIMÉS, etc.

Transport par la poste, tarif. — V. POSTES, no 10, ci-dessous, p. 39.

---

caution, les soumissionnaires ou cautions ont à payer le double du droit garanti par les acquits.

Art. 25. — Seront prises en charge comme passibles de l'impôt toutes les quantités de chicorée qui seront inventoriées, en vertu de l'article 5 de la loi du 4 septembre 1871, chez les fabricants et chez les marchands en gros et commissionnaires pourvus de la licence de fabricant.

Ces fabricants, marchands en gros et commissionnaires jouiront du crédit des droits aussi bien pour les quantités inventoriées que pour les fabrications ultérieures.

En cas de déclaration de cesser, ils devront payer immédiatement l'impôt sur les quantités formant leurs charges.

TITRE II. — DES MARCHANDS EN GROS ET EN DÉTAIL NON POURVUS DE LA LICENCE DE FABRICANT.

Art. 26. — Les marchands en gros ou en détail de chicorée, non pourvus de la licence de fabricant, doivent faire, au bureau de l'administration des contributions indirectes le plus voisin de leur domicile, et dans le délai de cinq jours à dater de la promulgation du présent règlement, une déclaration dont il est délivré ampliation, et qui aura le caractère d'une commission.

A l'avenir, nul ne pourra entreprendre le commerce, en gros ou en détail, de la chicorée sans avoir accompli la même formalité.

Tant qu'ils n'ont pas fait au même bureau une déclaration de cesser, les marchands en gros et débitants de chicorée demeurent soumis à l'exercice des employés de l'administration et à l'obligation de leur représenter, à toute réquisition, les quantités de chicorée formant leur approvisionnement.

Art. 27. — Les marchands en détail ne peuvent, en cas de vente de quantités inférieures à 250 grammes, fractionner plusieurs paquets à la fois.

Art. 28. — Les employés de l'administration apposeront gratuitement des timbres ou vignettes sur les paquets existant au moment où ils feront leur première visite dans les magasins des marchands en gros ou détaillants non pourvus de la licence de fabricant.

Postérieurement à cette visite, ces commerçants ne pourront plus recevoir ni avoir chez eux que de la chicorée en paquets revêtus de timbres ou de vignettes.

Art. 29. — Les dispositions du présent règlement ne sont pas applicables aux provisions de ménage existant à domicile, dans la limite de 3 kilogrammes.

Art. 30. — Le produit net des amendes et des confiscations est réparti conformément aux dispositions de l'article 126 de la loi du 25 mars 1817,

COLLOCATION DE SOMMES.

Droit proportionnel. — V. Enregistrement, n° 13-1°, ci-dessous, p. 31.

COLONIES.

Immeubles, mutation de propriété, d'usufruit de jouissance. — V. Enregistrement, n° 10-2°.

CONNAISSEMENTS (Timbre des).

1. *Timbre des quatre originaux, timbre mobile. — Petit cabotage.* — Tout transport par mer et sur les fleuves, rivières et canaux, dans le rayon de l'inscription maritime, doit être accompagné de connaissements.

A partir du 1er mai 1872, les quatre originaux prescrits par l'article 282 du code de commerce seront présentés simultanément à la formalité du timbre. Celui des originaux qui sera destiné à être remis au capitaine sera soumis à un droit de timbre de 2 fr., les autres originaux seront timbrés gratis; mais ils ne seront revêtus que d'une estampille sans indication de prix.

Le droit de 2 fr. est réduit à 1 fr. pour les expéditions par le petit cabotage de port français à port français. — (L. 30 mars 1872, art. 3.)

2. — Le droit de timbre des connaissements créés en France pourra être acquitté par l'apposition de timbres mobiles.

Sont applicables à ces timbres les dispositions des deux premiers paragraphes de l'article 7 de la loi du 30 mars 1872. —(L. 25 mai 1872, art. 4.) — V. *infrà*, n° 6.

3. *Connaissements supplémentaires, timbre mobile.* — S'il est créé en France plus de quatre connaissements, ces connaissements supplémentaires seront soumis chacun à un droit de 50 cent.

Ces droits supplémentaires pourront être perçus au moyen de timbres mobiles. Ils seront apposés sur le connaissement existant entre les mains du capitaine, et en nombre égal à celui des originaux qui auraient été rédigés, et dont le nombre doit être mentionné conformément à l'article 1325 du code civil.

Dans le cas où cette mention ne serait pas faite sur l'original représenté par le capitaine, il sera perçu un droit triple de celui fixé par l'article 3 ci-dessus, n° 1. — (L. 30 mars 1872, art. 5.)

4. *Connaissement non timbré, contravention, constatation, peine.* — Tout connaissement créé en France et non timbré donnera lieu à une amende de 50 fr. contre le chargeur. En outre, une amende d'égale somme sera exigée personnellement et sans recours, tant du capitaine que de l'armateur, ou de l'expéditeur du navire.

Les contraventions seront constatées par les employés des douanes, par ceux des contributions indirectes et par tous autres agents ayant qualité pour verbaliser en matière de timbre.

Il leur est alloué un quart des amendes recouvrées.

Les capitaines de navires français ou étrangers devront exhiber aux agents des douanes, soit à l'entrée, soit à la sortie, les connaissements dont ils doivent être porteurs aux termes de l'article 3 ci-dessus, n° 1.

Chaque contravention à cette prescription sera punie d'une amende de 100 à 600 fr. — (Même loi, art. 6.)

5. *Connaissements venant de l'étranger, timbre mobile.* — Les connaissements venant de l'étranger seront soumis, avant tout usage en France, à des droits de timbre équivalents à ceux établis sur les connaissements créés en France.

Il sera perçu sur le connaissement en la possession du capitaine un droit minimum de 1 fr. représentant le timbre du connaissement ci-dessus désigné, et celui du consignataire de la marchandise.

Ce droit sera perçu par l'apposition de timbres mobiles. — (Même loi, art. 4.)

6. *Timbre mobile, règlement, contravention.* — Un règlement d'administration publique déterminera la forme et les conditions d'emploi des timbres mobiles créés par la présente loi, ainsi que toutes autres mesures d'exécution. Sont applicables à ces timbres les dispositions de l'article 21 de la loi du 11 juin 1859.

Chaque contravention au règlement d'administration publique à intervenir, sera punie d'une amende de 50 fr.

Les formules de connaissements pourront être revêtues de l'empreinte du timbre dans les départements. — Les dispositions des articles 6 et 7 de la loi du 11 juin 1842 sont abrogées en ce qui les concerne. — (Même loi, art. 7.)

CONTRAT DE MARIAGE.

Droit fixe gradué. — V. ENREGISTREMENT, n° 10-4°.

CONTRIBUTIONS DIRECTES. — V. BILLARDS; — CERCLES; — CHEVAUX ET VOITURES; — CRÉANCES HYPOTHÉCAIRES.

CONTRIBUTIONS INDIRECTES. — V. ALCOOLS; — ALLUMETTES CHIMIQUES; — BOISSONS; — CARTES A JOUER; — CHEMINS DE FER ET VOITURES PUBLIQUES; — CHICORÉE; — HUILE DE PÉTROLE ET DE SCHISTE; — LICENCE (DROITS DE); — PAPIER.

CRÉANCES HYPOTHÉCAIRES.

1. *Contribution de 2 0/0 à la charge du créancier avancée par le débiteur.* — A partir du 1er janvier 1873, il sera prélevé une contribution de 2 p. 100 sur le revenu des créances hypothécaires. Cette contribution est à la charge du créancier, nonobstant toute autre convention; mais dans aucun cas le recouvrement ne pourra être poursuivi contre lui. Elle sera payée à son acquit par le débiteur, qui en fera imputation sur les intérêts.

Le créancier, soit Français, soit étranger, sera tenu d'accepter, comme payement d'une partie des intérêts de sa créance, le montant de la contribution acquittée entre les mains du percepteur. — (L. 28 juin 1872, art. 1er.)

2. *Exemptions, valeurs mobilières.* — Seront exemptées de cette contribution : les créances en représentation desquelles sont émises des obligations, valeurs ou titres ayant à acquitter l'impôt sur les valeurs mobilières. — (Même loi, art. 2).

V. au mot VALEURS MOBILIÈRES, n° 5 et suiv., 18, la loi du 29 juin 1872 qui établit un impôt sur le revenu des valeurs mobilières.

3. *Créancier, fraude, peine.* — Tout créancier qui, par un moyen quelconque, aura fait supporter à son débiteur hypothécaire la charge de la contribution de 2 p. 100 sur le revenu, établie par la présente loi, sera, pour ce seul fait, puni d'une amende de 50 fr. au moins, qui pourra s'élever jusqu'à 1,000 fr. — (Même loi, art 3.)

4. *Constatation des créances, perception.* — Un règlement d'administration publique fixera les conditions dans lesquelles devra être faite la constatation des créances, ainsi que le mode de perception. — (Même loi, art. 4.)

5. *Taxe assimilée aux contributions directes, contravention, peine.* — Le recouvrement de la taxe fixée par la présente loi aura lieu comme en matière de contributions directes.

Toute contravention au règlement d'administration publique à intervenir sera puni d'une amende de 25 à 50 fr. — (Même loi, art. 5.)

CRÉDIT OUVERT. — V. ENREGISTREMENT, n° 14.

DÉCHARGES, REÇUS, etc. (TIMBRE DES). — V. QUITTANCES.

DÉCIME (DOUBLE). — V. ENREGISTREMENT, n° 6; — TIMBRE, n°s 3 et 4.

DÉLAI.

Payement, prorogation, droit fixe gradué. — V. ENREGISTREMENT, n° 10-8°.

DISSIMULATION DANS LES ACTES SOUMIS A L'ENREGISTREMENT.

1. *Baux.* — V. BAUX ET LOCATIONS VERBALES, n° 7.

2. *Partage.* — V. ENREGISTREMENT, n°s 27 et suiv.

3. *Preuve, expertise.* — V. *ibid.*

4. *Prix de vente d'immeubles.* — V. *ibid.*

5. *Soulte, échange.* — V. *ibid.*

DOUANES. — V. ALCOOLS; — BOISSONS; — CACAO; — CAFÉ; — CHICORÉE; — CHOCOLAT; — HUILE DE PÉTROLE ET DE SCHISTE; — MARINE MARCHANDE; — MATIÈRES PREMIÈRES; — POIVRE, etc., etc.

DROITS DE LICENCE. — V. LICENCE (DROITS DE).

DROITS DE MUTATION. — V. ENREGISTREMENT, n° 2.

DROITS DE TONNAGE. — V. MARINE MARCHANDE, n° 6.

ÉCHANTILLONS, PAPIERS DE COMMERCE OU D'AFFAIRES, etc.

Transport par la poste, tarif. — V. POSTES, n° 7.

EFFETS DE COMMERCE.

1. *Lettres de change, enregistrement, droit proportionnel.* — Sont soumis au droit proportionnel de 50 cent. par 100 fr. les lettres de change et tous autres effets négociables, lesquels pourront n'être présentés à l'enregistrement qu'avec les protêts qui en auraient été faits.

Les dispositions de l'article 50 de la loi du 28 avril 1816, concernant les lettres de change, sont abrogées.

Il n'est rien innové en ce qui concerne les warrants. — (L. 28 février 1872, art. 10.)

2. *Timbre proportionnel.* — Le droit de timbre proportionnel est doublé. Sur un effet de 100 fr. par exemple, on devra appliquer, non plus comme autrefois un timbre de 5 cent., mais un timbre de 10 cent.; sur un effet de 1,000 fr. un timbre de 1 fr. au lieu de 50 cent.

Sont soumis aux mêmes droits, les effets tirés de l'étranger sur l'étranger négociés, acceptés ou acquittés en France. — V. *infrà*, v° TIMBRE, n° 3, l art. 2 de la loi du 23 août 1871.

EFFETS PUBLICS.

Droits de timbre, de transmission, impôt sur le revenu. — V. VALEURS MOBILIÈRES.

EMPRUNT NATIONAL.

1. *Emprunt de deux milliards, souscription publique.* — Le ministre des finances est autorisé à faire inscrire sur le grand-livre de la dette publique et à aliéner la somme de rentes 5 0/0 nécessaires pour produire un capital de deux milliards de francs.

L'aliénation de ces rentes, pour laquelle sera ouverte une souscription publique, se fera à l'époque, au taux et aux conditions qui concilieront le mieux les intérêts du Trésor avec la facilité des négociations. — (L. 20 juin 1871, art. 1.)

2. *Déposants aux Caisses d'épargne, titres libérés, remise.* — En sus des rentes à créer pour la somme de deux milliards et les frais, le ministre des finances est autorisé à remettre aux déposants des caisses d'épargne, qui en feront la demande avant la clôture de la souscription, un titre libéré de l'emprunt par multiple de cinq francs de rentes pour une somme n'excédant pas le montant de leurs livrets, et aux conditions stipulées pour la souscription de l'emprunt. — (Même loi, art. 2.)

3. *Supplément, frais de l'emprunt.* — Le ministre des finances ajoutera à cette somme de rentes à 5 p. 100 celle qui sera nécessaire pour couvrir les dépenses matérielles de l'emprunt, ainsi que tous les frais quelconques d'escompte, de change, de transports et négociations.— (Même loi, art. 3.)

4. *Libération du territoire, anticipation de payements, convention avec la Banque de France.* — Dans le but d'assurer plus promptement l'évacuation du territoire, le ministre des finances pourra passer avec la Banque de France des conventions particulières destinées à rendre plus rapidement disponibles les produits à réaliser sur l'emprunt et à faciliter les anticipations de payement. — (Même loi, art. 4.)

5. Le total des avances que le ministre des finances aura la faculté de se procurer, en vertu de l'article précédent, sera successivement remboursé à la Banque sur les produits de l'emprunt, au fur et à mesure de leur réalisation. Indépendamment de ces avances, le montant de celles que le Trésor pourrait encore être dans le cas de demander à la Banque pour les besoins de son service journalier, réuni à la somme de treize cent trente millions antérieurement avancée à l'Etat par la Banque de France, ne pourra dépasser un milliard cinq cent trente millions. Ces avances seront remboursées à la Banque, jusqu'à parfaite libération, au moyen d'annuités successives, à partir du 1er janvier 1872, et dont la quotité ne devra pas être inférieure à deux cents millions. — (Même loi, art. 5.)

6. *Emprunt de trois milliards.* — La loi du 15 juillet 1872 autorise, à peu près dans les mêmes termes et les mêmes conditions, le ministre des finances à faire inscrire sur le grand-livre de la dette publique et à aliéner la somme de rentes 5 p. 100 nécessaire pour produire un capital de trois milliards de francs.

7. *Banque de France, billets, émission.* — L'article 4 de la même loi porte, en outre, que le chiffre des émissions des billets de la Banque de France et de ses succursales, fixées au maximum de deux miliards huit cents millions, est élevé provisoirement à trois milliards deux cents millions.

8. *Résultat de la souscription.* — On sait avec quel succès ces emprunts ont été souscrits. La souscription du premier s'est élevée à plus de quatre milliards, et celle du second au chiffre prodigieux de plus de quarante-deux milliards.—(Déclarations du ministre des finances à l'Assemblée nationale, séances des 28 juin 1871 et 30 juill. 1872, *Journ. off.* des 29 juin 1871 et 31 juill. 1872.)

ENREGISTREMENT.

1. *Actes non enregistrés produits en justice.* — Les tribunaux devant lesquels sont produits des actes non enregistrés doivent, soit sur les réquisitions du ministère public, soit même d'office, ordonner le dépôt au greffe de ces actes, pour être immédiatement soumis à la formalité de l'enregistrement.

Il est donné acte au ministère public de ses réquisitions. — (L. 23 août 1871, art. 16.)

2. *Actes sous seings privés, enregistrement obligatoire, délai, baux, mutation par décès, mutation entre vifs.* — Il est accordé un délai de trois mois, à compter de la promulgation de la présente loi, pour faire enregistrer, sans droits en sus ni amendes, tous les actes sous signatures privées, qui, en contravention aux lois sur l'enregistrement, n'auraient pas été soumis à cette formalité.

Le droit ne sera perçu, pour les baux ainsi présentés à l'enregistrement, que pour le temps restant à courir au jour de la promulgation de la présente loi.

Le même délai de faveur est accordé pour faire la déclaration des biens transmis soit par décès, soit entre vifs, lorsqu'il n'existera pas de conventions écrites. — (Même loi, art. 17, §§ 1, 2 et 3).

3. *Assurances maritimes, assurances contre l'incendie.* — V. Assurances, ci-dessus, p. 6.

4. *Baux et locations verbales.* — V. ce mot.

5. *Baux sous seings privés.* — V. ci-dessus, n° 2.

6. *Double décime.* — Les quelques droits d'enregistrement qui, depuis 1864, ne payaient plus qu'un décime et demi, sont soumis uniformément au double décime, de sorte qu'aujourd'hui tous les droits d'enregistrement supportent le double décime. C'est ce qui résulte de la disposition suivante :

Les dispositions de l'article 14 de la loi du 2 juillet 1862, relatives à la perception d'un second décime sur les droits et produits dont le recouvrement est confié à l'administration de l'enregistrement, sont remises en vigueur. — (L. 23 août 1871, art. 1.)

7. *Délai des déclarations et de l'enregistrement.* — V. ci-dessus, n° 2; Baux et Locations verbales, n° 6.

8. *Droit fixe, augmentation de moitié.* — Les divers droits fixes auxquels sont assujettis, par les lois en vigueur, les actes civils, administratifs ou judiciaires, autres que ceux dénommés en l'article 1er (V. n° 10), sont augmentés — (L. 28 fév. 1872, art. 4, § 1.)

9. *Droit fixe, serment, prestation.* — Les actes de prestation de serment des gardes des particuliers et des agents salariés par l'État, les départements et les communes, dont le traitement et ses accessoires n'excèdent pas 1,500 fr., ne seront soumis qu'à un droit de trois francs (1). — (Même article, § 2.)

10. *Droit fixe transformé en droit fixe gradué, actes divers.* — La

(1) 4 fr. 50 avec l'augmentation de moitié indiquée au n° précédent par le § 1 du même article.

quotité du droit fixe d'enregistrement auquel sont assujettis par la loi du 22 frimaire an VII et par les lois subséquentes les actes ci-après, sera déterminée ainsi qu'il suit (V. n° 11), savoir :

1° Les actes de formation et de prorogation de société, qui ne contiennent ni obligation, ni libération, ni transmission de biens, meubles ou immeubles, entre les associés ou autres personnes, par le montant total des apports mobiliers et immobiliers, déduction faite du passif;

2° Les actes translatifs de propriété, d'usufruit ou de jouissance de biens situés en pays étranger ou dans les colonies françaises, dans lesquels le droit d'enregistrement n'est pas établi, par le prix exprimé en y ajoutant toutes les charges en capital.

L'article 4 de la loi du 16 juin 1824 est abrogé.

3° Les actes ou procès-verbaux de ventes de marchandises avariées par suite d'événements de mer et de débris de navires naufragés, par le prix exprimé en y ajoutant toutes les charges en capital;

4° Les contrats de mariage soumis actuellement au droit fixe de cinq francs, par le montant net des apports personnels des futurs époux;

5° Les partages de biens meubles et immeubles entre copropriétaires, cohéritiers et coassociés, à quelque titre que ce soit, par le montant de l'actif net partagé;

6° Les délivrances de legs, par le montant des sommes ou par la valeur des objets légués;

7° Les consentements à mainlevées totales ou partielles d'hypothèques, par le montant des sommes faisant l'objet de la mainlevée.

S'il y a seulement réduction de l'inscription, il ne sera perçu qu'un droit de cinq francs par chaque acte.

8° Les prorogations de délai pures et simples, par le montant de la créance dont le terme d'exigibilité est prorogé;

9° Les adjudications et marchés pour constructions, réparations, entretien, approvisionnements et fournitures dont le prix doit être payé directement par le Trésor public, et les cautionnements relatifs à ces adjudications et marchés, par le prix exprimé ou par l'évaluation des objets.

L'article 73 de la loi du 15 mai 1818 est abrogé.

10° Les titres nouvels et reconnaissances de rentes dont les actes constitutifs ont été enregistrés, par le capital des rentes. — (L. 28 fév. 1872, art. 1.)

11. *Droit fixe gradué, tarif.* — Le taux du droit établi par l'article précédent est fixé ainsi qu'il suit :

A 5 fr. pour les sommes ou valeurs de 5,000 fr. et au-dessous, et pour les actes ne contenant aucune énonciation de sommes et valeurs ni dispositions susceptibles d'évaluation ;

A 10 fr. pour les sommes ou valeurs supérieures à 5,000 fr., mais n'excédant pas 10,000 fr. ;

A 20 fr. pour les sommes ou valeurs supérieures à 10,000 fr., mais n'excédant pas 20,000 fr. ;

Et ensuite à raison de 20 fr. par chaque somme ou valeur de 20,000 fr. ou fraction de 20,000 fr.

Si les sommes ou valeurs ne sont pas déterminées dans l'acte, il y sera suppléé conformément à l'article 16 de la loi du 22 frimaire an VII (1). — (Même loi, art. 2.)

12. *Droit fixe gradué, dissimulation, droit en sus, prescription.* — Si, dans le délai de deux années à partir de l'enregistrement des actes spécifiés en l'article 1er ci-dessus (n° 10), la dissimulation des sommes ou valeurs ayant

(1) C'est-à-dire, aux termes de l'art. 16, par une déclaration estimative certifiée et signée au pied de l'acte par les parties.

servi de base à la perception du droit est établie par des actes ou écrits émanés des parties ou par des jugements, il sera perçu, indépendamment des droits simples supplémentaires, un droit en sus, lequel ne peut être inférieur à 50 fr. — (L. 28 fév. 1872, art. 3.)

13. *Droit proportionnel, ordres, collocation de sommes, navire, mutation de propriété, ouverture de crédit.* — Sont soumis au droit proportionnel, d'après les tarifs en vigueur :

1° Les ordres, collocations et distributions de sommes, quelle que soit leur forme, et qui ne contiennent ni obligation ni transport par le débiteur ;

2° Les mutations de propriétés de navires, soit totales, soit partielles. Le droit est perçu soit sur l'acte ou le procès-verbal de vente, soit sur la déclaration faite pour obtenir la francisation ou l'immatricule au nom du nouveau possesseur.

Les articles 56 et 64 de la loi du 21 avril 1818 sont abrogés. — (Même loi, art. 5.)

14. Les actes d'ouverture de crédit sont soumis à un droit proportionnel d'enregistrement de 50 cent. par 100 fr.

La réalisation ultérieure du crédit sera assujettie aux droits fixés par les lois en vigueur ; mais il sera tenu compte, dans la liquidation, du montant du droit payé, en exécution du paragraphe 1er du présent article. — (L. 23 août 1871, art. 5). — V. aussi HYPOTHÈQUE (DROIT D').

15. *Fonds de commerce, clientèle, marchandises neuves, droit proportionnel.* — V. FONDS DE COMMERCE.

16. *Mutation de jouissance de biens immeubles.* — V. BAUX ET LOCATIONS VERBALES, et ci-dessus, n° 10-2°.

17. *Mutation de propriété entre vifs, par décès.* — V. ci-dessus, nos 2 et 10-2°.

18. *Navire, vente, droit proportionnel.* — V. ci-dessus, n° 13-2°.

19. *Ordre, collocation de sommes, droit proportionnel.* — V. ci-dessus, n° 13-1°.

20. *Ouverture de crédit, droit proportionnel.* — V. ci-dessus, n° 14.

21. *Taxe des biens de mainmorte.* — V. MAINMORTE.

22. *Valeurs étrangères, mutation par décès.* — V. VALEURS MOBILIÈRES, nos 10 et suiv.

23. *Valeurs mobilières, droit de transmission.* — V. VALEURS MOBILIÈRES, nos 1 et suiv.

24. *Dissimulation, baux et locations verbales, mutation de jouissance.* — V. BAUX ET LOCATIONS VERBALES, n° 7.

25. *Dissimulation, droit fixe gradué.* — V. ci-dessus, n° 12.

26. *Dissimulation, fonds de commerce.* — V. FONDS DE COMMERCE.

27. *Dissimulation, vente, échange, partage, amende, procédure, notaire.* — Toute dissimulation dans le prix d'une vente et dans la soulte d'un échange ou d'un partage, sera punie d'une amende égale au quart de la somme dissimulée et payée solidairement par les parties, sauf à la répartir entre elles par égale part. — (L. 23 août 1871, art. 12.)

28. La dissimulation peut être établie par tous les genres de preuves admises par le droit commun. Toutefois, l'administration ne peut déférer le serment décisoire et elle ne peut user de la preuve testimoniale que pendant dix ans, à partir de l'enregistrement de l'acte.— (L. 23 août, 1871, art. 13.)

29. L'exploit d'ajournement est donné, soit devant le juge du domicile de l'un des défendeurs, soit devant celui de la situation des biens, au choix de l'administration. La cause est portée, suivant l'importance de la réclamation, devant la justice de paix ou devant le tribunal civil. Elle est instruite et jugée comme en matière sommaire; elle est sujette à appel, s'il y a lieu. Le ministère des avoués n'est pas obligatoire; mais les parties qui n'auraient pas constitué avoué ou qui ne seraient pas domiciliées dans le lieu où siége la justice de paix ou le tribunal, seront tenues d'y faire élection de domicile, à défaut de quoi toute signification sera valablement faite au greffe. — (Même article.)

30. Le notaire qui reçoit un acte de vente, d'échange ou de partage, est tenu de donner lecture aux parties des dispositions du présent article et de celles de l'article 12 ci-dessus. Mention expresse en sera faite dans l'acte, à peine d'une amende de 10 fr. — (Même article.)

31. *Expertise, expert unique.* — Lorsque dans les cas prévus par la loi du 22 frimaire an VII et par l'article 11 de la présente loi (V. BAUX et LOCATIONS VERBALES), il y a lieu à expertise, et que le prix exprimé ou la valeur déclarée n'excède pas 2,000 fr., cette expertise est faite par un seul expert nommé par toutes les parties, ou, en cas de désaccord, par le président du tribunal et sur simple requête. — (Même loi, art. 15.)

ÉTRANGER.

1. *Immeubles, mutation de propriété, d'usufruit, de jouissance, droit fixe gradué.* — V. ENREGISTREMENT, n° 10-2°.

2. *Valeurs étrangères, droits de succession, transmissions entre vifs opérées en France, droits de timbre.* — V. VALEURS MOBILIÈRES n°s 10 et suiv.

EXPERTISE. — V. ENREGISTREMENT, n° 31. — FONDS DE COMMERCE, n° 4.

FACTURES ACQUITTÉES.

Timbre. — V. QUITTANCES.

FONDS DE COMMERCE.

1. *Enregistrement, droit proportionnel.* — Les mutations de propriété à titre onéreux de fonds de commerce ou de clientèles, sont soumises à un droit d'enregistrement de 2 fr. par 100 fr. Ce droit est perçu sur le prix de la vente de l'achalandage, de la cession du droit au bail, et des objets mobiliers ou autres, servant à l'exploitation du fonds, à la seule exception des marchandises neuves garnissant le fonds. Ces marchandises ne seront assujetties qu'à un droit de 50 cent. par 100 fr., à condition qu'il sera stipulé pour elles un prix particulier, et qu'elles seront désignées et estimées, article par article, dans le contrat ou dans la déclaration. — (L. 28 fév. 1872, art. 7.)

2. *Délai de l'enregistrement et des déclarations.* — Les actes sous signatures privées contenant mutation de propriété de fonds de commerce ou de clientèles sont enregistrés dans les trois mois de leur date.

A défaut d'acte constatant la mutation, il y est suppléé par des déclarations détaillées et estimatives faites au bureau de l'enregistrement de la situation du fonds de commerce ou de la clientèle, dans les trois mois de l'entrée en possession. — (L. 28 fév. 1872, art. 8, §§ 1 et 2.)

3. *Défaut d'enregistrement ou de déclaration, dissimulation, expertise.* — A défaut d'enregistrement ou de déclaration dans les délais fixés ci-dessus, il sera fait application des dispositions du paragraphe 1er de l'article 14 de la loi du 23 août 1871. Sont également applicables aux mutations de propriété des fonds de commerce ou de clientèles, les dispositions des paragraphes 2 et 3 dudit article relatives à l'ancien possesseur, et celles des articles 12 et 13 de la même loi concernant les dissimulations dans les prix de vente. — (Même loi, art. 8, § 3.) — V. Baux et Locations verbales, nos 6 et 7 ; Enregistrement, nos 27 et suiv.

4. L'insuffisance du prix de vente du fonds de commerce ou des clientèles peut également être constatée par expertise, dans les trois mois de l'enregistrement de l'acte ou de la déclaration de la mutation.

Il sera perçu un droit en sus sur le montant de l'insuffisance outre les frais d'expertise, s'il y a lieu, et si l'insuffisance excède un huitième. — (Même article, §§ 4 et 5.)

5. *Mutation de propriété, preuve.* — La mutation de propriété des fonds de commerce ou des clientèles est suffisamment établie pour la demande et la poursuite des droits d'enregistrement et des amendes, par les actes ou écrits qui révèlent l'existence de la mutation ou qui sont destinés à la rendre publique, ainsi que par l'inscription aux rôles des contributions du nom du nouveau possesseur, et des payements faits en vertu de ces rôles, sauf preuve contraire. — (Même loi, art. 9.)

HUILE DE PÉTROLE ET HUILE DE SCHISTE.

1. *Huile de schiste, droit de fabrication.* — Il est établi un droit de fabrication sur l'huile de schiste.

Ce droit, dont la perception s'effectuera à l'enlèvement, est fixé ainsi qu'il suit, décimes non compris :

Huile à l'état brut, en principal, les 100 kil., 5 fr.
Huile épurée, en principal, les 100 kil., 8 fr.
Essence, en principal, les 100 kil., 10 fr. — (L. 16 sept. 1871, art. 5.)

2. *Fabrique, déclaration, visites, exercice, fraude.* — Les dispositions de l'article 5 de la loi du 4 septembre 1871 (V. Chicorée, n° 3), sont applicables aux fabricants de schiste. — (L. 16 sept. 1871, art. 5).

3. *Droit de douane, importation.* — Huile de pétrole et huile de schiste venant de l'étranger : à l'état brut des pays hors d'Europe, 32 fr. les 100 kil.; d'ailleurs, 37 fr. les 100 kil.

Huiles raffinées et essences : des pays hors d'Europe, 52 fr. les 100 kil.; d'ailleurs, 57 fr. les 100 kil. — (L. 26 juill. 1872, art. 1.)

4. *Droit de douane, tare légale.* — La tare légale sur les huiles et les essences de pétrole et de schiste importées dans des fûts dits *à pétrole* est fixée ainsi qu'il suit :

Huiles de pétrole ou de schiste brute ou épurées, dix-huit pour cent ;
Essences de pétrole et de schiste, dix-huit pour cent. — (Décr. 12 avril 1872).

HYDROMELS. — V. Boissons.

HYPOTHÈQUE.

1. *Mainlevée, réduction, droit fixe gradué.* — V. Enregistrement n° 10-7°.

2. *Revenu des créances hypothécaires, taxe spéciale.* — V. Créances hypothécaires.

HYPOTHÈQUE (droit d').

Ouverture de crédit. — Le droit d'hypothèque, fixé à un pour mille par l'article 60 de la loi du 28 avril 1816, sera perçu lors de l'inscription des hypothèques garantissant les ouvertures du crédit. — (L. 23 août 1871, art. 5, § 3.) — V. aussi Enregistrement, nº 14.

IMMEUBLES SITUÉS EN FRANCE.

Mutation de jouissance, d'usufruit. — V. Baux et Locations verbales; — Enregistrement, nº 2.

IMMEUBLES SITUÉS EN PAYS ÉTRANGERS ET DANS LES COLONIES.

Mutation de propriété, d'usufruit, de jouissance, droit fixe gradué. — V. Enregistrement, nº 10-2º.

IMPOT SUR LE REVENU. — V. Créances hypothécaires ; — Valeurs mobilières, nºs 5 et suiv., 18.

INSCRIPTION HYPOTHÉCAIRE.

Radiation, réduction, droit fixe gradué. — V. Enregistrement, nº 10-7º.

LEGS.

Délivrance, droit fixe gradué. — V. Enregistrement, nº 10-7º.

LETTRES DE VOITURE. — V. Récépissés de chemins de fer.

LETTRES SIMPLES, AFFRANCHIES, etc. — V. Postes.

LICENCE (Droits de).

1. A partir du 1er octobre 1871, les droits de licence sont perçus d'après le tarif suivant, sur les assujettis qui y sont dénommés:

Débitants de boissons : dans les communes au-dessous de 4,000 âmes, 12 fr. ; dans celles de 4,000 à 6,000 âmes, 16 fr. ; dans celles de 6,000 à 10,000 âmes, 20 fr. ; dans celles de 10,000 à 15,000 âmes, 24 fr. ; dans celles de 15,000 à 20,000 âmes, 28 fr. ; dans celles de 20,000 à 30,000 âmes, 32 fr. ; dans celles de 30,000 à 50,000 âmes, 36 fr.; dans celles de 50,000 âmes et au-dessus (Paris excepté), 40 fr.

Brasseurs : dans les départements de l'Aisne, des Ardennes, de la Côte, d'Or, de la Meurthe, du Nord, du Pas-de-Calais, du Rhône, de la Seine-de la Seine-Inférieure, de Seine-et-Oise et de la Somme, 100 fr.; dans les autres départements, 60 fr.

Bouilleurs et distillateurs de profession : dans tous les lieux, 20 fr.

Marchands en gros de boissons : dans tous les lieux, 100 fr.

Fabricants de cartes : dans tous les lieux, 100 fr.

Fabricants de sucres et glucoses : dans tous les lieux, 100 fr. —(L. 1er sept. 1871, art. 6.)

2. Les dispositions de cet article sont applicables aux fabricants de chicorée, aux fabricants de papier, lesquels sont assujettis à un droit annuel de licence de 20 fr. en principal.— (L. 4 sept. 1871, art. 10.)

LIQUEURS, ABSINTHES, EAUX-DE-VIE, etc. — V. Alcools.

MAINMORTE.

Taxe des biens de mainmorte, élévation, double décime. — A partir du 1er janvier 1873, la taxe annuelle représentative des droits de transmission entre-vifs et par décès, fixée par l'article 1er de la loi du 20 février 1849, est élevée à 70 cent. par franc du principal de la contribution foncière.

Cete taxe sera, en outre, soumise à l'avenir aux décimes auxquels sont assujettis les droits d'enregistrement. — (L. 30 mars 1872, art. 5.)

MANDATS DE POSTE. — V. POSTES, n° 9.

MARCHANDISES AVARIÉES.

Vente, événements de mer, droit fixe gradué. — V. ENREGISTREMENT, n° 10-3°.

MARCHANDISES NEUVES. — V. FONDS DE COMMERCE, n° 1.

MARCHÉS DE FOURNITURES.

Droit fixe gradué. — V. ENREGISTREMENT, n° 10-9°.

MARINE MARCHANDE.

1. *Navires étrangers, surtaxe de pavillon, exception, guano.* — Les marchandises importées par navires étrangers, autres que celles provenant des colonies françaises, seront passibles de surtaxes de pavillon fixées par 100 kilogr. comme ci-après :

Des pays d'Europe et du bassin de la Méditerranée, 75 cent.;

Des pays hors d'Europe, en deçà des caps Horn et de Bonne-Espérance, 1 fr. 50 cent.;

Des pays au delà des caps, 2 fr. — (L. 30 janv. 1872, art. 1.)

2. Toutefois, les surtaxes édictées par l'article précédent ne seront pas applicables au guano. — (Même loi, art. 2.)

3. *Surtaxe d'entrepôt.* — Les marchandises des pays hors d'Europe seront passibles, à leur importation des entrepôts d'Europe, d'une surtaxe de 3 fr. par 100 kil.

Cette disposition n'est pas applicable aux marchandises que les lois actuellement en vigueur assujettissent à des surcharges plus élevées. — (Même loi, art. 3.) — V. au mot MATIÈRES PREMIÈRES, l'art. 8 de la loi du 26 juill. 1872, ci-dessous, p. 49.

4. *Algérie, surtaxe de pavillon et d'entrepôt.*— Les dispositions des articles 1 et 3 sont applicables aux relations de l'Algérie avec l'étranger. — (Même loi, art. 4.)

5. *Bâtiments de mer, importation.* — Les droits à l'importation des bâtiments de mer sont fixés comme suit :

BATIMENTS GRÉÉS ET ARMÉS

	Par tonneau de jauge.
A voiles, en bois	40 fr.
A voiles, en bois et fer	50
A voiles, en fer.	60

A vapeur, droits ci-dessus, augmentés du droit afférent à la machine.

COQUES DE BATIMENTS DE MER

	Par tonneau de jauge.
En bois.	30 fr.
En bois et fer.	40
En fer.	50

Ces droits ne seront pas applicables aux navires étrangers dont l'achat antérieur à la promulgation de la présente loi sera justifié par des actes authentiques ou sous seing privé ayant date certaine. — (Même loi, art. 5.)

6. *Droit de tonnage.* — Les navires de tout pavillon, venant de l'étranger ou des colonies et possessions françaises, chargés en totalité ou en partie, acquitteront, pour frais de quai, une taxe fixée par tonneau de jauge, savoir:

Pour les provenances des pays d'Europe ou du bassin de la Méditerranée, 50 cent.;

Pour les arrivages de tous autres pays, 1 fr.

En cas d'escales successives dans plusieurs ports pour le même voyage, le droit ne sera payé qu'à la douane de prime abord. — (Même loi, art. 6.)

7. *Loi du* 19 *mai* 1866, *abrogation.* — Les articles 1, 3 et 5 de la loi du 19 mai 1866 sont et demeurent rapportés. — (Même loi, art. 7.) (1)

MATIÈRES D'OR ET D'ARGENT.

1. *Droit de garantie.* — Le droit de garantie perçu au profit du Trésor sur les ouvrages d'or et d'argent de toute sorte fabriqués à neuf est fixé à :

30 fr. par hectog. d'or ;

1 fr. 60 par hectog. d'argent, non compris les frais d'essai ou de touchaud. — (L. 30 mars 1872, art. 1.)

2. *Exportation, restitution des droits.* — La totalité des droits de garantie perçus sur les objets d'or et d'argent fabriqués en France sera restituée lorsque ces objets seront exportés. — (Même loi, art. 2.)

3. *Essais, prix, fixation* — Le ministre des finances fixera le prix des essais des matières d'or et d'argent applicable à tous les bureaux de garantie. Ce prix ne pourra dans aucun cas excéder le prix fixé par l'article 62 de la loi du 19 brumaire an VI.

Le paragraphe 2 de l'article 1er et l'article 25 de la loi du 19 brumaire an VI sont abrogés. — (Même loi, art. 3.)

MATIÈRES PREMIÈRES.

On sait combien la question des *matières premières* a passionné l'opinion publique et combien a été vif le dissentiment qui s'est élevé entre le Gouvernement et l'Assemblée nationale au sujet du remaniment du tarif des douanes.

Le 19 janvier 1872, l'Assemblée, sur la proposition de l'honorable M. Feray, votait la résolution suivante :

« L'Assemblée, réservant le principe d'un impôt sur les matières pre-

(1) Les art. 1, 3 et 5 de la loi du 19 mai 1866 sont ceux qui avaient supprimé les surtaxes de pavillon et d'entrepôt.

« mières, décide qu'une Commission de quinze membres examinera les « tarifs proposés et les questions soulevées par cet impôt, auquel elle n'aura « recours qu'en cas d'impossibilité d'aligner autrement le budget. » —(*Journ. off.* du 20 janv.)

Le 23 janvier, M. le Ministre du commerce déposait un projet de loi portant fixation des tarifs spécifiques sur les matières brutes, textiles et autres.

Un grand nombre de contre-projets établissant d'autres impôts pour remplacer celui proposé par le Gouvernement furent présentés à l'Assemblée nationale qui, après avoir rejeté les uns, adopté les autres (V. ci-dessus, les mots CHIFFRE DES AFFAIRES, CRÉANCES HYPOTHÉCAIRES, et ci-dessous, les mots PATENTE, VALEURS MOBILIÈRES), mit enfin à l'ordre du jour le projet du Gouvernement, et, après une discussion qui occupa les séances du 17 au 26 juill. 1872, l'adopta avec diverses modifications.

Nous reproduisons *in extenso* cette loi, votée le 26 juillet et promulguée le 19 août 1872 :

Importation des matières brutes, etc.

ART. 1er. — Le tarif des douanes à l'importation est modifié ainsi qu'il suit, décimes compris :

Peaux brutes, grandes, fraîches, 5 fr. les 100 kil.
Peaux brutes, grandes, sèches à l'alun, 7 fr. 50 les 100 kil.
Peaux brutes, grandes, sèches en poil, 10 fr. les 100 kil.
Peaux brutes, petites, fraîches, 7 fr. 50 les 100 kil.
Peaux brutes, petites, sèches, autres que de chevreau, 10 fr. les 100 kil.
Peaux brutes, petites, sèches, de chevreau, 20 fr. les 100 kil.
Les peaux de chevreau et d'agneau salées ne payeront que la moitié du droit des peaux sèches de même espèce.
Pelletteries brutes, apprêtées ou en morceaux cousus, lapin, lièvre, blaireau, queues de petit-gris et d'écureuil, 5 p. 100 de la valeur.
Autres pelleteries, 5 p. 100 de la valeur.
Crins bruts préparées ou frisés, 35 fr. les 100 kil.
Cheveux non ouvrés, 10 fr. le kil.
Poils pour la chapellerie (de lièvre, de lapin, etc.), 65 fr. les 100 kil.
Poils pour la brosserie (de porc, de sanglier, en masse), 25 f. les 100 kil.
Poils de porc et de sanglier en bottes de longueurs assorties, 50 fr. les 100 kilog.
Plumes de parure, de coq et de vautour, 1 fr. 50 le kil.
Plumes de parure, autres, blanches, 10 fr. le kil.
Plumes de parure, autres, noires, 4 fr. le kil.
Plumes de parure, autres, de toute autre couleur, 1 fr. 50 le kil.
Plumes à écrire, brutes, 20 fr. les 100 kil.
Plumes à lit, non apprêtées, 200 fr. les 100 kil.
Cire brute, brune, jaune ou blanche, 100 fr. les 100 kil.
Cire, résidu de cire, 20 fr. les 100 kil.
Cire végétale, 10 fr. les 100 kil.
Graisses animales autres que de poissons : suifs, saindoux et dégras de peaux, 20 fr. les 100 kil.; autres, 50 fr. les 100 kil.
Parafine brute, 20 fr. les 100 kil.
Parafine raffinée, 50 fr. les 100 kil.
Œufs de volaille et de gibier, 4 fr. les 100 kil.
Viandes salées, 4 fr. les 100 kil.
Fromages blancs de pâte molle, 15 fr. les 100 kil.
Autres fromages, 18 les 100 kil.

Beurre frais ou fondu, 20 fr. les 100 kil.

Beurre salé, 20 fr. les 100 kil.

Miel, 10 fr. les 100 kil.

Produits et dépouilles d'animaux dénommés au tarif et non repris dans la présente loi (à l'exception des laines, des soies, des œufs de ver à soie, de la viande fraîche et des engrais), 50 cent. les 100 kil.

Poissons d'eau douce frais, de pêche étrangère, 15 fr. les 100 kil.

Poissons de mer frais, de pêche étrangère, 15 fr. les 100 kil.

Homards, de pêche étrangère, et langoustes, 15 fr. les 100 kil.

Naissain ayant moins de 0,05 de diamètre, 50 cent. le 1,000 en nombre.

Graisses de poisson, de pêche étrangère, 20 les 100 kil.

Blanc de baleine et de cachalot, brut, de pêche étrangère, 35 fr. les 100 kil.

Fanons de baleines bruts, de pêche étrangère, 120 fr. les 100 kil.

Corail brut, de pêche étrangère, 1 fr. le kil.

Produits de pêche étrangère actuellement exempts de droits et non repris dans la présente loi, à l'exception des perles fines, 3 fr. les 100 kil.

Eponges, 150 fr. les 100 kil.

Produits bruts propres à la médecine ou à la parfumerie, dénommés au tarif et non repris dans la présente loi, 2 fr. les 100 kil.

Dents d'éléphants, 1 fr. 20 le kil.

Ecailles de tortue, carapaces, onglons et caouanes, 2 fr. 70 le kil.

Ecailles de tortue, rognures, 15 cent. le kil.

Nacre de perle en coquilles brutes, 10 fr. les 100 kil.

Nacre de perle sciée ou dépouillée de sa croûte, 50 fr. les 100 kil.

Haliotides et autres coquillages destinés à l'industrie, 10 fr. les 100 kil.

Os et sabots de bétail bruts, 30 cent. les 100 kil.

Cornes de bétail brutes, 5 fr. les 100 kil.

Seigle, maïs, orge, sarrasin, avoine : grains, 25 cent. les 100 kil.

Seigle, maïs, orge, sarrasin, avoine : farines, 50 cent. les 100 kil.

Légumes secs et leurs farines, 50 cent. les 100 kil.

Marrons, châtaignes et leurs farines, 50 cent. les 100 kil.

Alpiste et millet (grains et farines), 50 cent. les 100 kil.

Sagou, salep et fécules exotiques, 15 fr. les 100 kil.

Fruits de table frais, 10 fr. les 100 kil.

Fruits secs ou tapés : raisins, 20 fr. les 100 kil.; pistaches, 160 fr. les 100 kil.; figues, 10 fr. les 100 kil.; autres, 30 fr. les 100 kil.

Fruits confits ou conservés sans sucre, miel ou eau-de-vie, 30 fr. les 100 kil.

Fruits à distiller : anis vert, 20 fr. les 100 kil.; autres 5 fr. les 100 kil.

Graines oléagineuses : de sésame, 6 fr. les 100 kil.; de cameline, 5 fr. les 100 kil.; de lin, 3 fr. 75 les 100 kil.; de chanvre, 3 fr. 50 les 100 kil.; de colza, d'œillette, de navette et de moutarde, 4 fr. 50 les 100 kil.; de coton et de ravison, 2 fr. 50 les 100 kil.; de Niger, 4 fr. les 100 kil.; autres, 3 fr. les 100 kil.

Fruits oléagineux : arachides en coques, 4 fr. les 100 kil.; arachides décortiquées, 5 fr. les 100 kil.; olives fraîches, 4 fr. 50 les 100 kil.; autres, 3 fr. les 100 kil.

Huiles de schiste et de pétrole, brutes : des pays hors d'Europe, 32 fr. les 100 kil.; d'ailleurs, 37 fr. les 100 kil.

Huiles raffinées ou essences : des pays hors d'Europe, 52 fr. les 100 kil.; d'ailleurs, 57 fr. les 100 kil.

Graines à ensemencer, 25 cent. les 100 kil.

Mélasse pour la distillation, 25 cent. les 100 kil.

Gommes pures : exotiques, 10 fr. les 100 kil.; d'Europe, 6 fr. les 100 kil.

Résines d'Europe et d'Amérique, brutes : poix ou galipot, 1 fr. 50 les 100 kil.

Résines d'Europe et d'Amérique, épurées : térébenthine, 10 fr. les 100 kil.

Résines d'Europe et d'Amérique, distillées : essence de térébenthine, 12 fr. les 100 kil.

Résines d'Europe et d'Amérique; résidu de distillation : brai sec, colophane, résine d'huile, 1 fr. 50 les 100 kil.

Boghead, bitume d'Ecosse, 8 fr. les 100 kil.

Résineux exotiques : scammonée, 1 fr. 50 les 100 kil.; laque naturelle, 20 fr. les 100 kil.; copal et dammar, 30 fr. les 100 kil.; autres, 25 fr. les 100 kil.

Baumes : benjoin, 20 fr. les 100 kil ; storax et styrax, 10 fr. les 100 kil.; de copahu, 20 fr. les 100 kil.; autres, 50 fr. lés 100 kil.

Huiles fixes, pures, 20 fr. les 100 kil.

Camphre : brut, 50 fr. les 100 kil.; raffiné, 70 fr. les 100 kil.

Caoutchouc et gutta-percha : bruts, 40 fr. les 100 kil.; lavés, 50 fr. les 100 kil.

Aloès, 10 fr. les 100 kil.

Opium, 5 fr. le kil.

Jus de réglisse, 6 fr. les 100 kil.

Sucs végétaux (autres que les huiles) dénommés au tarif et non repris dans la présente loi, 20 fr. les 100 kil.

Racines médicinales exotiques : jalap, 25 fr. les 100 kil.; ipécacuanha, 100 fr. les 100 kil.; rhubarbe, 25 fr. les 100 kil.; salsepareille, 8 fr. les 100 kil.; gingembre, 3 fr. les 100 kil.

Ecorce de quinquina, 10 fr. les 100 kil.

Feuilles de séné, 10 fr. les 100 kil.

Fruits médicinaux exotiques : casse, sans apprêt, 5 fr. les 100 kil.; tamarins (gousses et pulpes) 5 fr. les 100 kil.; badiane, 60 fr. les 100 kil.; follicules de séné, 25 fr. les 100 kil.

Lichens médicinaux, 1 fr. les 100 kil.

Autres racines, herbes, feuilles, fleurs, graines et fruits médicinaux exotiques, 25 fr. les 100 kil.

Espèces médicinales d'Europe : racines de réglisse, 80 cent. les 100 kil.; autres, 3 fr. les 100 kil.

Chloroforme, 3 fr. le kil.

Ether, 3 fr. le kil.

Musc, 8 fr. le kil.

Manne, 2 fr. le kil.

Méthylène, 2 fr. le kil.

Bois à construire :

De chêne, d'orme et de noyer, bruts ou équarris : 6 fr. 50 le stère; sciés de toute dimension, 10 fr. le stère.

Autres : bruts ou équarris, 3 fr. le stère; sciés, ayant d'épaisseur 90 millimètres ou plus, 5 fr. le stère ; sciés, ayant d'épaisseur de 70 millimètres inclusivement à 90 millimètres exclusivement, et mesurant en largeur 20 centimètres ou plus, 8 fr. les 100 mètres.

Autres : sciés, ayant d'épaisseur de 70 millimètres inclusivement à 90 millimètres exclusivement, et mesurant en largeur moins de 20 centimètres, 6 fr. les 100 mètres.

Autres : sciés, ayant d'épaisseur de 36 millimètres inclusivement, à 70 millimètres exclusivement, et mesurant en largeur 20 centimètres ou plus, 5 fr. les 100 mètres.

Autres : sciés, ayant d'épaisseur de 36 millimètres inclusivement à 70 millimètres exclusivement, et mesurant en largeur moins de 20 centimètres, 4 fr. les 100 mètres.

Autres : sciés, ayant d'épaisseur moins de 36 millimètres et mesurant en largeur 20 centimètres ou plus, 3 fr. 50 les 100 mètres.

Autres : sciés, ayant d'épaisseur moins de 36 millimètres et mesurant en largeur moins de 20 centimètres, 2 fr. 50 les 100 mètres.

Bois rabotés, rainés et moulurés : d'orme, de chêne et de noyer, droit des bois sciés selon l'espèce augmenté de 8 fr.; autres, droit des bois sciés selon l'espèce augmenté de 4 fr.

Bois ouvrés de toutes sortes : en chêne, orme ou noyer, 15 p. 100 de la valeur brute, augmenté de 10 fr. par stère ou de 1 fr. 50 par 100 kil.; autres bois, 15 p. 100 de la valeur brute augmenté de 6 fr. par stère ou de 1 fr. 25 par 100 kil.

Mâts, diamètre 0.40, à 18 fr. la pièce ; diamètre 0.42, à 21 fr. la p.; diamètre 0.44, à 23 fr. la p.; diamètre 0.46, à 31 fr. la p. ; diamètre 0,48, à 38 fr. la p.; diamètre 0.50 et au-dessus à 52 fr. la pièce.

Mâtereaux : diamètre 0.25 à 4 fr. la p.; diamètre 0.30, à 9 fr. la p.; diamètre 0.35, à 14 fr. la pièce.

Espars de 0.25 à 0.15, 2 fr. la pièce.

Pigouilles, 40 c. la pièce.

Manches de gaffe, 20 c. la pièce.

Manches de fouine et de pinceau à goudron, 2 cent. la pièce.

Bois en éclisse et bois feuillard, 90 cent. le cent.

Perches, 5 fr. le cent.

Echalas, 40 cent. le cent.

Merrains de toute espèce, 8 fr. le stère.

Liége brut, râpé ou en planches, 5 fr. les 100 kil.

Osier en bottes, tiges de millet, racines et bruyères à vergettes, 1 fr. les 100 kil.

Bois à brûler : en bûches et rondins, 15 cent. le stère ; en fagots 30 cent. le cent.

Charbons de bois et de chènevottes, 25 cent. le mètre cube.

Bois d'ébénisterie, 30 fr. le mètre cube.

Bois de placage, 50 cent. le mètre carré.

Bois odorants, 15 fr. les 100 kil.

Bois de teinture : en bûches, rouge et jaune, 2 fr. les 100 kil.; en bûches, noir et violet, 1 fr. les 100 kil.; moulus, 4 fr. les 100 kil.

Joncs et roseaux exotiques bruts, 7 fr. les 100 kil.

Vannerie en rotin ou autres joncs et roseaux exotiques, régime des rotins filés ou des joncs et roseaux exotiques dégrossis, selon l'espèce.

Rotins filés ou en éclisses, servant au cannage des siéges ou autres, 70 fr. les 100 kil.

Rotins dégrossis, 28 fr. les 100 kil.

Joncs et roseaux d'Europe, 50 cent. les 100 kil.

Fruits, tiges et filaments à ouvrer, dénommés au tarif et non repris dans la présente loi (à l'exception du coton, du lin et du chanvre, du jute, de l'abaca et autres textiles), 50 cent. les 100 kil.

Curcuma en racine ou en poudre, 5 fr. les 100 kil.

Orcanette, 10 fr. les 100 kil.

Quercitron, 2 fr. les 100 kil.

Lichens tinctoriaux (orseille), 10 fr. les 100 kil.

Safran, 10 fr. le kil.

Fleurs de carthame, 60 fr. les 100 kil.

Noix de galle et avelanèdes, 10 fr. les 100 kil.

Sumac, fustet, racines d'épines-vinettes (écorces, feuilles et brindilles entières ou moulues), 4 fr. les 100 kil.

Gousses tinctoriales, telles que bablah, dividivi, etc., 3 fr. les 100 kil.

Autres feuilles, racines, tiges, graines et fruits tinctoriaux ; nerprun de Perse et autres provenances d'Europe et hors d'Europe (autres que la garance), 3 fr. les 100 kil.

Betteraves, 5 cent. les 100 kil.

Légumes verts, 25 cent. les 100 kil.

Fourrages, son et jarosse, 25 cent. les 100 kil.

Houblon, 60 fr. les 100 kil.

Bière, 7 fr. l'hectolitre.

Amurca et grignon, 1 fr. 50 les 100 kil.

Tourteaux de graines de lin, 50 cent. les 100 kil.; autres 25 cent. les 100 kil.

Mottes à brûler et tourbe crue ou carbonisée, 2 cent. les 100 kil.

Produits et déchets végétaux autres que les légumes confits, les racines de chicorée et les drilles), dénommés au tarif officiel, pages 150 et 151, et non repris dans la présente loi, 1 fr. les 100 kil.

Marbres blancs, statuaires, bruts, équarris ou sciés, 50 cent. les 100 kil.

Autres, bruts ou équarris, 1 fr. les 100 kil.; sciés, ayant d'épaisseur 16 cent. ou plus, 1 fr. 50 les 100 kil.; moins de 16 cent., 2 fr. les 100 kil.; sculptés, moulés ou polis, 10 fr. les 100 kil.

Albâtre brut, 2 fr. 50 les 100 kil.

Albâtre scié, 4 fr. 50 les 100 kil.

Albâtre sculpté, moulé ou poli, 15 fr. les 100 kil.

Ecossines brutes, taillées ou sciées, 10 cent. les 100 kil.

Ecossines sculptées ou polies, 1 fr. les 100 kil.

Agates brutes, 1 fr. 20 les 100 kil.

Agates ouvrées, 20 p. 100 de la valeur.

Cristal de roche, brut, 50 cent. le kil.; ouvré, non monté, 50 cent. le kil.; monté, régime de la bijouterie.

Pierres ouvrées, taillées ou sciées, 1 fr. 50 les 100 kil.; sculptées ou polies, 8 fr. les 100 kil.

Meules à moudre, 3 fr. 50 la pièce.

Meules à aiguiser, 10 cent. la pièce.

Chiques en marbre, 50 fr. les 100 kil.

Chiques en pierre, 12 fr. les 100 kil.

Pierres : à aiguiser, brutes, 1 fr. les 100 kil.; taillées, 5 fr. les 100 kil.

Pierres et terres servant aux arts et métiers, actuellement exemptes de droit et non reprises dans la présente loi, 5 cent. les 100 kil.

Ardoises pour construction, brutes, schiste ardoisier, 10 cent. les 100 kil.

Ardoises pour toitures, 1 fr. 60 les 100 kil.

Ardoises nues ou encadrées, spécialement destinées au dessin, 1 fr. 60 les 100 kil.

Ardoises en carreaux ou en tables, 2 fr. les 100 kil.

Briques et tuiles ordinaires, 10 cent. les 100 kil.

Tuiles rondes, faîtières et carreaux, 20 cent. les 100 kil.

Matériaux actuellement exempts de droit et non repris dans la présente loi, 5 cent. les 100 kil.

Graphite ou plombagine, 75 cent. les 100 kil.

Jais, 50 cent. le kil.

Succin, 50 cent. le kil.

Bitumes solides : mêlés de terre, 40 cent. les 100 kil.; autres, 1 fr. 20 les 100 kil.

Bitumes fluides, droit de pétrole brut.

Minerai d'or et de platine, droit du métal brut.

Minerai d'argent, droit du métal brut.

Cendres d'orfèvre, droit de l'argent brut.

Cuivre pur ou allié de première fusion en masses brutes, saumons, barres, plaques, limailles ou objets détruits, 7 fr. 50 les 100 kil.

Plomb en masses brutes, saumons, barres, plaques, limailles ou objets détruits, 2 fr. les 100 kil.; allié d'antimoine, en masse, 3 fr. 75 les 100 kil.

Etain en masses brutes, saumons, barres, plaques, limailles ou objets détruits, 15 fr. les 100 kil.; allié d'antimoine, en masse, 12 fr. 50 les 100 kil.

Bismuth, 30 fr. les 100 kil.

Zinc en masses brutes, saumons, barres, plaques, limailles ou objets détruits, 2 fr. 50 les 100 kil.

Cadmium brut, 15 fr. les 100 kil.

Nickel, minerai grillé (speiss), 5 fr. les 100 kil.; pur ou allié en masses brutes, 50 fr. les 100 kil.

Antimoine sulfuré fondu, 50 cent. les 100 kil.; métallique, 7 fr. 50 les 100 kil.

Cobalt vitrifié en masse, smalt, 10 fr. les 100 kil., en poudre, azur, 5 fr. les 100 kil.

Arsenic métallique, 8 fr. les 100 kil.

Mercure natif, 25 fr. les 100 kil.

Vermillon, 12 fr. 50 les 100 kil.

Potasse, 1 fr. 50 les 100 kil.

Bichromate de potasse, 25 fr. les 100 kil.

Brôme, 25 fr. les 100 kil.

Iode, 60 fr. les 100 kil.

Jus de citron, 1 fr. les 100 kil.

Citrate de chaux, 1 fr. les 100 kil.

Acides : citrique cristallisé, 12 fr. les 100 kil.; gallique, 1 fr. 50 les 100 kil.; tannique ou tannin préparé à l'alcool ou à l'éther, 7 fr. les 100 kil.; nitrique, 1 fr. les 100 kil.; arsénieux, 3 fr. 60 les 100 kil.; benzoïque, 80 fr. les 100 kil.; borique, 6 fr. les 100 kil.

Oxydes : de plomb, litharge en paille et poudre, 4 fr. les 100 kil.; litharge en masse, 2 fr. les 100 kil.; de zinc, 3 fr. 50 les 100 kil.; d'étain, 15 fr. les 100 kil.; d'urane, 80 fr. les 100 kil.; de cuivre, 12 fr. 50 les 100 kil.

Safre et autres composés de cobalt, 7 fr. les 100 kil.

Nitrates : de potasse, 1 fr. 50 les 100 kil.; de soude, 1 fr. les 100 kil.

Chlorure de potassium, 50 cent. les 100 kil.

Sulfates : de potasse, 1 fr. 20 les 100 kil.; de baryte, 20 cent. les 100 kil.; de magnésie, 50 cent. les 100 kil.

Borax brut et tinkal, 2 fr. 50 les 100 kil.

Borate de chaux, 2 fr. les 100 kil.

Carbonates : de magnésie, 2 fr. les 100 kil.; de baryte, 20 cent. les 100 kil.; de potasse, 1 fr. 50 les 100 kil.

Le régime de l'importation temporaire, tel qu'il est réglé par la loi du 5 juillet 1836, sera appliqué aux plombs destinés à la fabrication des oxydes et des carbonates.

Carbonates de plomb, 3 fr. 75 les 100 kil.

Céruses broyées, 5 fr. 75 les 100 kil.

Sucre de lait, 15 fr. les 100 kil.

Sulfure d'arsenic, 5 fr. 75 les 100 kil.

Iodure de potassium, 50 fr. les 100 kil.

Produits chimiques et couleurs dérivés de l'essence de houille, 3 fr. le kil.

Cochenille, 80 fr. les 100 kil.

Laque en teinture ou en trochisques, 35 fr. les 100 kil.
Kermès animal, 70 fr. les 100 kil.
Indigo, 100 fr. les 100 kil.
Indigue, inde-plate et boules de bleu, régime de l'indigo.
Pâte de pastel : grossière, 2 fr. 50 les 100 kil.; autre, dite *indigo-pastel*, régime de l'indigo.
Cachou en masse, 5 fr. les 100 kil.
Rocou préparé, 15 fr. les 100 kil.
Orseille préparée, 20 fr. les 100 kil.
Maurelle, 10 fr. les 100 kil.
Extraits de bois de teinture : noirs et violets, 20 fr. les 100 kil.; rouges et jaunes, 30 fr. les 100 kil.
Sucs tanins extraits de végétaux : de la noix de galle et des avenalèdes, 30 fr. les 100 kil.; du châtaignier, 3 fr. 50 les 100 kil.
Bleu de Prusse, 25 fr. les 100 kil.
Prussiate de potasse cristallisé : jaune, 20 fr. les 100 kil.; rouge, 30 fr. les 100 kil.
Outremer, 15 fr. les 100 kil.
Carmin : fin, 4 fr. le kil.; commun, 50 cent. le kil.
Encre : à dessiner, en tablettes, 100 fr. les 100 kil.; liquide, à écrire ou à imprimer, 20 fr. les 100 kil.
Vernis : à l'esprit de vin, 10 p. 100 de la valeur, plus la taxe de consommation afférente à l'alcool; autres, 10 p. 100.
Cirage, 4 fr. les 100. kil.
Noir animal d'os, sous toutes formes, 50 cent. les 100 kil.; d'imprimeur en taille-douce, 7 fr. les 100 kil.; d'Espagne et de fumée, 1 fr. les 100 kil.; minéral naturel, 50 cent. les 100 kil.
Crayons : simples en pierre, 20 fr. les 100 kil.; composés : à gaîne de bois blanc, 45 fr. les 100 kil.; composés : à gaine de cèdre, 150 fr. les 100 kil.
Couleurs non dénommées dans la présente loi, 10 p. 100 de la valeur.
Parfumeries, non compris les savons : eaux de senteur alcooliques, 20 fr. les 100 kil., indépendamment de la taxe de consommation afférente à l'alcool ; eaux de senteur, sans alcool, 40 fr. les 100 kil.; pommades, 120 fr. les 100 kil.; autres parfumeries, 60 fr. les 100 kil.
Epices préparées, moutarde, 20 fr. les 100 kil.; autres, 80 fr. les 100 kil.
Amidon : de riz, 4 fr. les 100 kil.; de froment, 2 fr. les 100 kil.
Albumine, 12 fr. les 100 kil.
Colle-forte, 6 fr. les 100 kil.
Colle de poisson, 150 fr. les 100 kil.
Cire à cacheter, 60 fr. les 100 kil.
Extraits de viande, 30 fr. les 100 kil.
Gélatine, 6 fr. les 100 kil.
Pain d'épice, 20 fr. les 100 kil.
Capsules de poudre fulminante de chasse, 20 p. 100 de la valeur.
Cartouches de chasse vides ou enveloppes de cartouches amorcées ou non, 20 p. 100 de la valeur.
Mèches de mineurs, 20 p. 100 de la valeur.
Artifices pour divertissements, 20 p. 100 de la valeur.
Carrosserie, 20 p. 100.
Bimbelotterie, 20 p. 100.
Tabletterie, 20 p. 100.
Mercerie, 20 p. 100.
Boutons autres que de passementerie : communs, 1 fr. le kil.; fins, 2 fr. le kil.

Cheveux ouvrés, 15 fr. le kil.
Modes (Ouvrages de), 20 p. 100 de la valeur.
Fleurs artificielles, 20 p. 100.
Parapluies ou parasols, 20 p. 100 de la valeur.
Articles d'emballage, droit de la matière dont ils sont formés.
Instruments de musique et pièces détachées, 20 p. 100 de la valeur.
Tuyaux et conduits en papier et bitume, 3 fr. les 100 kil.
Pelleteries ouvrées, 20 p. 100 de la valeur.
Corail taillé non monté, 2 fr. le kil.
Chapeaux de paille, 2 p. 100 de la valeur.
Chapeaux d'écorce, de sparte et de fibres de palmier, 2 p. 100.
Tresses de bois blanc, d'écorce, de paille ou de sparte, 2 p. 100.
Jus d'orange, régime des vins de liqueur.
Eaux minérales, 15 cent. le litre.
Groisil ou verre cassé, 40 cent. les 100 kil.

Soies en cocons frais ou secs, 25 cent. le kil.; écrues, gréges, 1 fr. 25 le kil.; écrues, douppions, 50 c. le kil.; écrues, douppions ouvrés, 1 fr. le kil.; moulinées, 2 fr. 50 le kil.; bourre de soie en masse et déchets, 15 cent. le kil.; bourre peignée, 50 cent. le kil.; fleurets, 2 fr. le kil.

Coton en laine, égrené, des Indes orientales, de la Chine, du bassin de la Méditerranée (le jummel excepté), 7 fr. 50 les 100 kil.; d'Amérique et jummel, 10 fr. les 100 kil.; non égrené (y compris le droit des graines), 4 fr. les 100 kil.

Lin et chanvre, en tiges brutes vertes, sèches ou rouies, 50 cent. les 100 kil.; étoupes, 2 fr. les 100 kil.; chanvres, 2 fr. 50 les 100 kil.; lins, 3 fr. les 100 kil.

Lin et chanvre, filasses, 4 fr. les 100 kil.
Jute, en brins ou teillé, 1 fr. les 100 kil.
Jute, peigné, 1 fr. 15 c. les 100 kil.

L'abaca, le phormium tenax et les autres végétaux filamenteux non dénommés suivront le régime du chanvre.

Laines en masse, en suint : les 100 kil. : 1re catégorie 7 fr., 2e cat. 5 fr., 3e cat. 3 fr.; lavées à froid : 1re cat. 14 fr.. 2e cat. 10 fr., 3e cat. 6 fr.; lavées à chaud : 1re cat. 17 fr., 2e cat. 12 fr., 3e cat. 7 fr.

L'admission temporaire est accordée aux laines qui n'entrent en France à l'état brut que pour y être peignées ou lavées.

La quotité du déchet résultant du peignage ou du lavage à constater à la sortie sera ultérieurement déterminée par le Gouvernement, après avis conforme du Comité consultatif des arts et manufactures.

Le nerf des laines de peau payera le même tarif que la laine.

Déchets de laine : autres que la bourre lanisse et tontisse, 10 fr. les 100 kil.

Déchets de laine : bourre lanisse et tontisse, 3 fr. les 100 kil.
Chiffons de laine et lisière de drap, 5 fr. les 100 kil.
Les poils de chèvre et de cachemire suivront le régime des laines.
Poils de vache et autres poils grossiers, 1 fr. les 100 kil.

Exportation, drawback, admission temporaire

Art. 2. Les droits perçus sur les matières premières brutes seront remboursés à l'exportation des produits fabriqués suivant les bases indiquées ci-après, soit au moyen du drawback, soit par application du régime de l'admission temporaire tel qu'il est établi par l'article 5 de la loi du 5 juillet 1836.

Fils de coton simples : nº 40 et au-dessous, écrus, les 100 kil. 12 fr. 70; blanchis, 15 fr. 25; teints, 14 fr. 85. — Du nº 40 exclusivement au nº 80 inclusivement, écrus, les 100 kil. 13 fr. 50; blanchis, 16 fr. 20; teints, 15 fr. 80. — Au-dessus du nº 80, écrus, les 100 kil. 14 fr. 05; blanchis, 16 fr. 90; teints, 16 fr. 35. — Fils de coton retors : nº 40 et au-dessous, écrus, les 100 kil. 14 fr. 05; blanchis, 16 fr. 90; teints, 16 fr. 35. — Du nº 40 exclusivement au nº 80 inclusivement, écrus, les 100 kil. 14 fr. 85; blanchis, 17 fr. 85; teints, 17 fr. 30. — Au-dessus du nº 80, écrus, les 100 kil. 15 fr. 40; blanchis, 18 fr. 50; teints, 17 fr. 90.

Tissus de coton en fils simples écrus : velours, piqués basins, façonnés, damassés et brillantés, 13 fr. 90 les 100 kil.

Tissus de coton en fils simples écrus : tous autres pesant par 100 mètres carrés 7 kil. et plus, 13 fr. 90 les 100 kil.

Tissus de coton en fils simples écrus : tous autres pesant par 100 mètres carrés 3 kil. à 7 kil., 14 fr. 60 les 100 kil.

Tissus de coton en fils simples écrus : tous autres pesant par 100 mètres carrés au-dessous de 3 kil., 15 fr. 10 les 100 kil.

Tissus de coton en filssimples blanchis : sans apprêt, pesant par 100 mètres carrés 7 kil. et plus, 16 fr. 70 les 100 kil.

Tissus de coton en fils simples blanchis : sans apprêt, pesant par 100 mètres carrés 3 kil. à 7 kil., 17 fr. 50 les 100 kil.

Tissus de coton en fils simples blanchis : sans apprêt, pesant par 100 mètres carrés au-dessous de 3 kil., 18 fr. 10 les 100 kil.

Tissus de coton en fils simples blanchis : apprêtés à un degré quelconque, pesant par 100 mètres carrés 7 kil. et plus, 15 fr. 90 les 100 kil.

Tissus de coton en fils simples blanchis : apprêtés à un degré quelconque, pesant par 100 mètres carrés 3 kil. à 7 kil., 16 fr. 60 les 100 kil.

Tissus de coton en fils simples blanchis : apprêtés à un degré quelconque, pesant par 100 mètres carrés au-dessous de 3 kil. 17 fr. 10 les 100 kil.

Tissus de coton en fils simples imprimés ou teints : en rouge d'Andrinople, pesant par 100 mètres carrés 7 kil. et plus, 20 fr. 75 les 100 kil.

Tissus de coton en fils simples imprimés ou teints : en rouge d'Andrinople, pesant par 100 mètres carrés 3 kil. à 7 kil., 21 fr. 60 les 100 kil.

Tissus de coton en fils simples imprimés ou teints : en rouge d'Andrinople, pesant par 100 mètres carrés au-dessous de 3 kil., 22 fr. 20 les 100 kil.

Tissus de coton en fils simples imprimés ou teints en toute autre couleur : moleskine pesant 25 kil. ou moins aux 100 mètres carrés, 17 fr. 95 les 100 kil.

Tissus de coton en fils simples imprimés ou teints en toute autre couleur : tous autres tissus imprimés ou teints, pesant par 100 mètres carrés 7 kil. et plus, 19 fr. 35 les 100 kil.

Tissus de coton en fils simples imprimés ou teints : en toute autre couleur : tous autres tissus imprimés ou teints, pesant par 100 mètres carrés 3 kil. à 7 kil., 20 fr. 15 les 100 kil.

Tissus de coton en fils simples imprimés ou teints : en toute autre couleur : tous autres tissus imprimés ou teints, pesant par 100 mètres carrés au-dessous de 3 kil., 20 fr. 70 les 100 kil.

Tissus de coton en fils retors : en chaîne ou en trame seulement. Droit du tissu selon l'espèce augmenté de 0 fr. 54 cent. par 100 kil.

Tissus de coton en fils retors : à la fois en chaîne et en trame. Droit du tissu selon l'espèce augmenté de 1 fr. 08 cent. par 100 kil.

Filets de pêche en coton. Régime des fils dont ils sont formés.

Fils et tissus de coton mélangé, le coton dominant dans le mélange : pour moins de 75 p. 100. Moitié du drawback applicable aux fils ou tissus de coton pur, selon l'espèce.

Fils et tissus de coton mélangé, le coton dominant dans le mélange :

pour 75 p. 100 ou plus. Trois quarts du drawback applicable aux fils ou tissus de coton pur, selon l'espèce.

Coton cardé dit ouate, 12 fr. 15 les 100 kil.

Débourrages valant au moins les deux tiers du prix du coton brut, 5 fr. les 100 kil.

Seront exclus du drawback :

1° Les déchets de coton valant moins des deux tiers du prix du coton brut ;

2° Les fils de coton valant moins de 1 fr. 50 cent. le kil. ;

3° Les tissus de coton valant moins de 2 fr. 50 cent. le kil.

Fils et ouvrages en poils de vache et d'autres poils grossiers, 2 fr.

Savons contenant en huiles végétales ou graisses plus de 60 p. 100, 11 fr. les 100 kil. ; plus de 50 p. 100 et moins de 60 p. 100, 10 fr. les 100 kil. ; plus de 40 p. 100 et moins de 50 p. 100, 7 fr. les 100 kil. ; plus de 30 p. 100 et moins de 40 p. 100, 5. fr. les 100 kil.

L'admission temporaire continuera d'avoir lieu aux conditions déterminées par la loi du 5 juillet 1836 pour les graines et fruits oléagineux.

Les graines et fruits oléagineux importés sous le régime de l'admission temporaire ne pourront donner lieu qu'à des exportations par les bureaux de la direction où l'importation aura été effectuée.

Chandelles, 22 fr. les 100 kil.

Acide stéarique brut, en bougies ou autrement ouvré, 35 fr. les 100 kil.

Acide oléique, 10 fr. les 100 kil.

Cire ouvrée, 100 fr. les 100 kil.

Métaux battus, laminés ou ouvrés : cuivre pur ou allié, 7 fr. 75 cent. les 100 kil. ; pièces de bronze, 10 fr. les 100 kilog. ; laiton, 7 fr. les 100 kil.

Extrait de bois de teinture : rouges, jaunes et de graines de Perse, 20 fr. les 100 kil. ; noirs et violets, 14 fr. les 100 kil.

Bichromate de potasse, 5 fr. les 100 kil.

Rotins filés, 28 fr. les 100 kil. ; dégrossis pour parapluie ou vannerie, 14 fr. les 100 kil.

Aniline, 1 fr. 50 les 100 kil.

Le régime de l'admission temporaire, tel qu'il est réglé par la loi du 5 juillet 1836, sera appliqué à l'essence de houille destinée à la fabrication de l'aniline.

Cheveux ouvrés, 12 fr. 50 les 100 kil.

Eponges nettoyées, 150 fr. les 100 kil.

Les cuirs et les peaux exotiques frappés, à l'entrée, de la marque de la douane, jouiront de l'admission temporaire s'ils sont représentés à la sortie sans avoir été ni dénaturés ni découpés.

L'admission temporaire sera autorisée pour les pelleteries brutes de tout genre, dans les conditions déterminées par l'administration des douanes.

Importation des produits fabriqués.

Art. 3. — Il sera perçu à l'importation des produits fabriqués, à titre de compensation des taxes établies sur les matières brutes, les droits supplémentaires ci-après :

Fils et tissus de coton pur, filets de pêche en coton, coton cardé dit *ouate*. Droits supplémentaires égaux aux drawbacks déterminés par l'art. 2 ci-dessus.

Fils de lin et de chanvre simples : écrus 3 fr. 95 les 100 kil. ; simples, crêmés, lessivés ou teints, 4 fr. 55 les 100 kil. ; simples, entièrement blanchis, 5 fr. 15 les 100 kil. — Retors, écrus, 4 fr. 10 les 100 kil. ; retors, lessivés ou teints, 4 fr. 75 les 100 kil.

Fils de lin et de chanvre retors entièrement blanchis, 5 fr. 45 les 100 kil.

Fils de jute de toute sorte, 1 fr. 40 les 100 kil.

Tissus de lin et de chanvre, écrus, 4 fr. 15 les 100 kil.

Tissus de lin et de chanvre, lessivés ou teints, 5 fr. 70 les 100 kil.

Tissus de lin et de chanvre entièrement blanchis ou imprimés, 1 fr. 50 les 100 kil.

Tissus de jute de toute sorte, 4 fr. les 100 kil.

Filets de pêche, 3 fr. 40 les 100 kil.

Ficelles et ficelleries, 3 fr. les 100 kil.

Fils de carret, cordes et cordages non goudronnés, 3 fr. les 100 kil.

Fils de carret, cordes et cordages goudronnés, 2 fr. 50 les 100 kil.

Fils et tissus d'abaca, de phormium tenax, d'aloès et autres végétaux filamenteux non dénommés : Régime des fils et tissus de lin et de chanvre.

Tissus de soie et de bourre de soie et soies teintes à coudre et autres, 2 fr. le kil.

Les rubans de soie, de velours et autres, acquitteront, en sus des droits actuels, 2 fr. le kil.

L'admission temporaire est autorisée à l'équivalent pour les soies et les déchets de soies, à réexporter après moulinage et peignage

Les soies seront admises en entrepôt fictif ou réel dans les magasins généraux ou particuliers désignés par l'administration des douanes.

Laine dégraissée et blousses (déchets du peignage), 2 p. 100 de la valeur.

Fils et tissus de laine, 2 p. 100 de la valeur

Fils de poils de chèvre, de chevron et de chameau : même régime que les fils de laine.

Tissus de poil de chèvre, de chevron et de chameau ; châles ou écharpes de cachemires des Indes : régime actuel.

Tissus de poil, autres que de chèvre, de chevron et de chameau : régime des tissus de laine.

Fils mélangés de toute sorte : régime des fils entièrement formés de la matière dominante en poids entrant dans le mélange.

Tissus mélangés de toute sorte, la matière dominante en poids entrant dans le mélange pour 75 p. 100 au plus : régime du tissu entièrement formé de la matière dominante en poids dans le mélange.

Tissus mélangés de toute sorte, la matière dominante en poids entrant dans le mélange pour moins de 75 p. 100 et plus de 50 p. 100 : les 3/5 du droit supplémentaire applicable au tissu formé de la matière dominante en poids dans le mélange et les 2/5 du droit supplémentaire applicable au tissu formé de l'autre matière.

Fils et tissus en poils de vache et autres poils grossiers, 2 fr. les 100 kil.

Savons de toute sorte, 11 fr. les 100 kil.

Chandelles, 22 fr. les 100 kil.

Acide stéarique brut, en bougies ou autrement ouvré, 35 fr. les 100 kil.

Acide oléique, 15 fr. les 100 kil.

Cire ouvrée, 100 fr. les 100 kil.

Ouvrages en caoutchouc, 50 fr. les 100 kil.

Cuivre battu, laminé ou ouvré ; bronze, 10 fr. les 100 kil. Cuivre pur, 7 fr. 75 les 100 kil. ; cuivre allié de zinc, 7 fr. les 100 kil..

Autres métaux battus, laminés ou ouvrés : plomb, 2 fr. 20 les 100 kil. ; plomb allié d'antimoine, 4 fr. 10 les 100 kil. ; étain, 16 fr. 50 les 100 kil. ; étain allié d'antimoine, 13 fr. 75 les 100 kil. ; zinc, 2 fr. 75 les 100 kil. ; nickel pur ou allié, 55 fr. les 100 kil.

Peaux préparées : tannées, corroyées, hongroyées, 9 fr. les 100 kil. ; de veau cirées, 13 fr. les 100 kil. ; vernies, mégissées, teintes, maroquinées, 26 fr. les 100 kil.

Ouvrages en peaux : gants, 130 fr. les 100 kil.

Autres ouvrages en peaux : régime des peaux préparées dont ils sont formés.

Navires et embarcations : doublés et chevillés en cuivre, 7 fr. par tonneau de jauge : doublés en zinc, 5 fr. par tonneau de jauge ; non doublés, 4 fr. par tonneau de jauge ; navires en fer, 5 fr. par tonneau de jauge.

Plumes : à écrire apprêtées, 10 p. 100 de la valeur ; à lit apprêtées ou en objets de literie, 20 p. 100 de la valeur.

Feutres, 5 p. 100 de la valeur.

Ouvrages en crin, 10 p. 100 de la valeur.

Liége ouvré, 7 fr. 50 les 100 kil.

Fanons de baleine coupés ou apprêtés, 10 p. 100 de la valeur.

Cornes de bétail préparées, 6 p. 100 de la valeur.

Ouvrages en cornes, 2 1/2 p. 100 de la valeur.

Cendres bleues ou vertes, 4 fr. 50 les 100 kil.

Acétate de cuivre, 3 fr. les 100 kil.

Sulfate de cuivre, 2 fr. 25 les 100 kil.

Sels d'étain, 5 fr. les 100 kil.

Sulfate de zinc, 75 cent. les 100 kil.

Chromates et sous-chromates de plomb, 1 fr. 50 les 100 kil.

Exportation, vieux papiers, drawback, admission temporaire.

Art. 4. — Les vieux papiers seront assimilés aux drilles et chiffons, et assujettis, ainsi que ces derniers, à un droit de sortie de 6 fr. par 100 kil.

Ne seront admis au drawback ou à la décharge des soumissions d'admission temporaire, que les quantités de marchandises donnant ouverture à une allocation ou à une décharge de 50 fr. au moins par expéditeur, et pour des produits fabriqués avec des matières premières ayant acquitté les droits du présent tarif.

Toute déclaration inexacte, quant à la nature, au poids, à l'espèce ou à la catégorie des marchandises présentées pour l'allocation du drawback ou à la décharge des comptes d'admission temporaire, rendra le contrevenant passible d'une amende égale au quadruple de la somme dont le Trésor pouvait être frustré. Le drawback ou la décharge sera, en outre, refusé pour toute la partie. En cas de récidive, l'amende sera doublée.

Entrepôt fictif.

Art. 5. — Des décrets pouront autoriser l'admission en entrepôt fictif des marchandises actuellement exemptes de taxes, qui se trouveront tarifées en vertu de la présente loi.

Art. 6. — V. ci-dessus le mot CHOCOLAT.

Époque de l'application de la loi.

ART. 7. — Des arrêtés de M. le Président de la République détermineront, pour chacune des marchandises dénommées en la présente loi, les dates d'application (1).

Aucun droit ne pourra être perçu sur les matières premières utiles à l'industrie, avant que des droits compensateurs équivalents n'aient été mis en vigueur sur les produits étrangers fabriqués avec des matières similaires.

---

(1) En exécution de cet article, un arrêté du Président de la République, du 18 août 1872, promulgué le 19, déclare immédiatement applicables : 1° l'art. 1er, en ce qui

Les arrêtés de M. le Président de la République désigneront, en même temps, les marchandises à l'égard desquelles il pourra être procédé à des recensements ou inventaires, à l'effet de les soumettre aux nouveaux droits.

Importation de lieux autres que ceux de provenance, surtaxe.

Art. 8. — Seront passibles d'une surtaxe de 1 fr. par 100 kil., lorsqu'elles

---

touche un certain nombre des marchandises dénommées en cet article; 2° l'art. 6, relatif aux chocolats; 3° l'art. 8, relatif aux surtaxes d'entrepôt.

Voici la liste des marchandises qui tombent sous l'application de la loi, à partir de la promulgation de cet arrêté :

Pelleteries brutes, apprêtées ou en morceaux cousus, de lièvre, de lapin, de blaireau, queues de petit-gris et d'écureuils, 5 p. 100 de la valeur.

Autres pelleteries, 5 p. 100 de la valeur.

Poils de porc et de sanglier, en bottes de longueurs assorties, 50 fr. les 100 kil.

Plumes de parure : de coq et de vautour, 1 fr. 50 le kil.; autres, blanches, 10 fr. le kil.; noires, 4 fr. le kil.; de toute autre couleur, 1 fr. 50 le kil.

Poisson de mer frais, de pêche étrangère, 15 fr. les 100 kil.

Naissain ayant moins de 5 centimètres de diamètre, 0 fr. 50 le mille en nombre.

Seigle, orge, maïs, sarrazin, avoine (grains) 0 fr. 25 les 100 kil.

Seigle, orge, maïs, sarrazin, avoines (farines), 0 fr. 50 les 100 kil.

Alpiste et millet (grains et farines), 0 fr. 50 les 100 kil.

Sagou, salep et fécules exotiques, 15 fr. les 100 kil.

Fruits de table frais, à l'exception des carrobes ou carouges et des oranges, citrons et leurs variétés, 10 fr. les 100 kil.

Résineux exotiques : scammonée, 1 fr. 50 le kil.; laque naturelle, 20 fr. les 100 kil.; copal et dammar, 30 fr. les 100 kil.; autres, 25 fr. les 100 kil.

Baumes, sauf le benjoin : storax et styrax, 10 fr. les 100 kil.; copahu, 20 fr. les 100 kil.; autres, 50 fr. les 100 kil.

Aloès, 10 fr. les 100 fr.

Opium, 5 fr. le kil.

Racines médicinales exotiques : jalap, 25 fr. les 100 kil.; ipécacuanha, 100 fr. les 100 kil.; rhubarbe, 25 fr. les 100 kil.; salsepareille, 8 fr. les 100 kil.; gingembre, 3 fr. les 100 kil.

Feuilles de séné, 10 fr. les 100 kil.

Fruits médicinaux exotiques : casse sans apprêt, 5 fr. les 100 kil.; tamarins (gousses et pulpes), 5 fr. les 100 kil.; badiane, 60 fr. les 100 kil.; follicules de séné, 25 fr. les 100 kil.

Lichens médicinaux, 1 fr. les 100 kil.

Autres racines, herbes, feuilles, fleurs, écorces (sauf celles de quinquina), graines et fruits médicinaux exotiques, 25 fr. les 100 kil.

Bois d'ébénisterie en billes ou sciés, 30 fr. le mètre cube.

Bois de placage, 0 fr. 50 le mètre carré.

Bois odorants, 15 fr. les 100 kil.

Légumes verts, 0 fr. 25 les 100 kil.

Fourrages, son et jarrosse, 0 fr. 25 les 100 kil.

Mottes à brûler et tourbe crue ou carbonisée, 0 fr. 02 les 100 kil.

Chiques en marbre, 50 fr. les 100 kil.

Chiques en pierre, 12 fr. les 100 kil.

Jais, 0 fr. 50 le kil.

Succin, 0 fr. 50 le kil.

Minerai d'or et de platine, droit du métal brut.

Minerai d'argent, droit du métal brut.

Cendres d'orfèvre, droit de l'argent brut.

Noir d'imprimeur en taille douce, 7 fr. les 100 kil.

Noir d'Espagne ou de fumée, 1 fr. les 100 kil.

Noir minéral naturel, 0 fr. 50 les 100 kil.

Pain d'épice, 20 fr. les 100 kil.

Capsules de poudre fulminante de chasse; cartouches de chasse vides ou enveloppes de cartouches amorcées ou non, 20 p. 100 de la valeur.

Tuyaux et conduits en papier et bitume, 3 fr. les 100 kil.

Pelleteries ouvrées, 20 p. 100 de la valeur.

ne seront pas importées en droiture des lieux de provenance, les marchandises désignées ci-après :

Métaux de toute série, autres que l'or et l'argent, — grains et farines, à l'exception du riz, dont la surtaxe actuelle est maintenue, — légumes secs, — lins et chanvres, — bois communs. — V. MARINE MARCHANDE, n° 3.

Transit, aquit-à-caution, passavant, visa.

ART. 9. — Sont remi es en vigueur les dispositions de l'article 12 de la loi du 9 février 1832, relatives à la présentation aux bureaux de deuxième ligne des marchandises expédiées en transit, et au visa par les employés des acquits-à-caution délivrés pour ces marchandises.

L'article 15 de la loi du 16 mai 1863 est rapporté.

Le visa aux bureaux de deuxième ligne sera également obligatoire pour les passavants donnant lieu à des admissions temporaires.

MUSCADES.

1. *Droit de douane.* — Muscades sans coques et macis : des pays hors d'Europe, y compris les possessions françaises, 300 fr. les 100 kil.; d'ailleurs, 350 fr. les 100 kil. — (L. 8 juill. 1871, art. 11.)

2. Muscades en coques. — V. POIVRE.

MUTATIONS DE PROPRIÉTÉ, DE JOUISSANCE.

1. *Actes verbaux, actes sous seings privés.* — V. BAUX ET LOCATIONS VERBALES, n° 1 : — ENREGISTREMENT, n° 2.

2. *Immeubles situés en pays étranger et dans les colonies.* — V. ENREGISTREMENT, n° 10-2°.

NAVIRE.

1. *Surtaxe de pavillon, d'entrepôt, importation, droit de tonnage.* — V. MARINE MARCHANDE, n°s 1 et suiv. ; — MATIÈRES PREMIÈRES, p. 49, art. 8.

2. *Vente, droit proportionnel.* — V. ENREGISTREMENT, n° 13.

3. *Vente des débris de navires naufragés, droit fixe gradué.* — V. *eod.*, v° n° 10-3°.

OUVERTURES DE CRÉDIT.

Droit proportionnel, réalisation ultérieure, droit d'hypothèque. — V. ENREGISTREMENT, n° 14 ; — HYPOTHÈQUE (DROIT D').

PAPIER.

1. *Droit de fabrication; tarif.* — Il est établi un droit de fabrication sur les papiers de toute sorte, papiers à écrire, à imprimer et à dessiner, papiers d'enveloppe et d'emballage, papiers-carton, papiers de tenture et tous autres.

Ce droit, dont la perception s'effectuera à l'enlèvement ou par la voie d'abonnement annuel, réglé de gré à gré entre la régie et les fabricants, est fixé ainsi qu'il suit, décimes compris :

1° Papiers à cigarettes, papiers soie, papiers pelure, papiers parchemin blancs et similaires;

Papiers à lettres de toute espèce et de tout format, 15 fr. les 100 kil.

2° Papiers à écrire, à imprimer, à dessiner, papier pour musique et assimilables ;

Papiers blancs de tenture, papiers coloriés et marbrés pour reliure et assimilables, 10 fr. les 100 kil.

3° Cartons, papiers-carton, papiers d'enveloppe et de tenture ou à pâte de couleurs, papiers d'emballage, papiers buvards et tous similaires, 5 fr. les 100 kil. — (L. 4 sept. 1871, art. 7, §§ 1 et 2-1°, 2°, 3°.)

2. *Papiers importés.* — Les mêmes droits seront perçus, en sus de ceux des douanes, sur les papiers importés de l'étranger. —(Même article, § 3.)

3. *Papiers exportés, franchise.* — Les papiers et les objets confectionnés en papier, destinés à l'exportation, seront affranchis du droit. — (Même article, § 4.)

4. *Journaux, papier destiné à leur impression.* — Le papier employé à l'impression des journaux et autres publications périodiques, assujetties au cautionnement, est, en outre, soumis à un droit de 20 fr. par 100 kil. — (Même article, § 6.)

5. *Fabriques, visites, exercice, taxe assimilée aux contributions indirectes.* — Les dispositions des articles 4 et 5 sont applicables aux fabricants de papiers. — (Même article, § 5.) (1).

---

(1) V. les articles 4 et 5 au mot CHICORÉE, en note du n° 3, ci-dessus, p. 20. — V. aussi *ibid.*, l'art. 9 de la même loi portant qu'un règlement d'administration publique statuera sur les mesures que nécessitera l'exécution de la présente loi.

Le règlement en ce qui concerne le papier a été rendu le 28 nov. 1871 et promulgué le 1er déc. — En voici le texte, dont nous avons supprimé quelques articles conformes au règlement sur les fabriques de chicorée, rapporté ci-dessus, p. 21 :

TITRE Ier. — DISPOSITIONS APPLICABLES AUX FABRICANTS DE PAPIER ET AUX MARCHANDS ET COMMISSIONNAIRES SOUMIS A L'EXERCICE

Art. 1er. — (Conforme à l'article 1er du décret du 30 novembre 1871, sur les fabricants de chicorée. (V. ci-dessus, p. 21).

Art. 2. — La déclaration prescrite aux fabricants de papier par les articles 5 et 7 de la loi du 4 septembre 1871 doit présenter la description de la fabrique et indiquer : 1° la nature, le nombre et la force des moteurs et des machines; 2 le nombre et la contenance des piles de cylindres et autres vaisseaux servant à la préparation de la pâte; 3° les procédés généraux de fabrication et la nature des produits fabriqués; 4° le régime de la fabrique pour les jours et heures de travail.

Chaque machine, chaque cuve-cylindre ou autre vaisseau reçoit un numéro d'ordre peint à l'huile en caractères apparents.

La déclaration énonce, en outre, si le fabricant demande à être placé sous le régime de l'exercice ou sous le régime de l'abonnement.

Art. 3. — Il est défendu de modifier l'outillage des fabriques, et, en particulier, d'augmenter le nombre des moteurs des machines, des piles de cylindres et autres vaisseaux, si ce n'est en vertu d'une déclaration faite par écrit vingt-quatre heures d'avance au bureau de l'administration des contributions indirectes.

Tout changement dans les procédés généraux de fabrication, dans la nature des fabrications, ou dans le régime de la fabrique, pour les jours et heures de travail, doit être précédé d'une nouvelle déclaration. Néanmoins, dans les cas imprévus, le fabricant peut se borner à constater sur le registre mis à sa disposition par l'administration, ainsi qu'il est) dit à l'article 7, la nécessité où il se trouve de continuer le travail en dehors des heures déterminées.

Lorsque le fabricant veut suspendre ou cesser les travaux de fabrication, il doit également en faire la déclaration au bureau de l'administration des contributions indirectes.

Art. 4, 5 et 6. — Conformes aux articles 4, 5 et 6 du décret précité, ci-dessus, p. 21.

Art. 7. — L'administration fournit gratuitement aux fabricants un registre imprimé sur lequel ils doivent inscrire, comme éléments d'appréciation ou de contrôle :

1° Au moment où elles ont lieu, toutes les introductions de matières premières servant à la fabrication (chiffons, rognures, pâtes, fécules, pailles, etc);

2° A la fin de chaque journée, la quantité, par espèce ou catégorie, des papiers fabriqués.

Les fabricants qui font subir aux papiers provenant soit de leurs fabriques, soit d'autres

6. *Licence.* — V. LICENCE (DROITS DE).

Vieux papiers, drilles et chiffons. — V. MATIÈRES PREMIÈRES, ci-dessus, p. 48, art. 4.

PAPIERS DE COMMERCE ET D'AFFAIRES. — V. POSTES, n° 7.

---

fabriques françaises ou étrangères, des préparations, des transformations de nature à changer leur classification au point de vue de l'impôt, doivent constater sur le même registre, à la fin de chaque journée, les quantités, par catégorie, des papiers soumis à des préparations, à des transformations, et les résultats de ce travail.

Ce registre sert également à recevoir les mentions prescrites par l'article 3, § 2, et les articles 8, 9 et 11.

Art. 8. — Sont autorisés tous envois de fabrique à fabrique.

Les quantités provenant de fabriques de l'intérieur sont inscrites au registre mentionné à l'article 7. Si elles sont libérées d'impôt, elles doivent être représentées aux employés de l'administration lors de leur introduction dans les usines, et, sous cette condition, elles sont prises en charge comme non passibles des droits.

Les fabricants soumis à l'exercice qui expédient du papier à d'autres fabricants placés également sous le régime de l'exercice ont la faculté de payer eux-mêmes l'impôt ou d'en transporter la perception à la charge du destinataire.

Dans le premier cas, l'envoi est constaté au registre dont la tenue est prescrite par l'article 12; il donne lieu, en outre, à la délivrance d'un acquit-à-caution, et les papiers sont pris en compte chez le destinataire *comme libérés d'impôt.*

Dans le second cas, il est délivré un acquit-à-caution, et les papiers sont pris en compte chez le destinataire comme *passibles de l'impôt.*

Sont nécessairement soumis aux droits à la charge de l'expéditeur, les papiers envoyés de fabrique *exercée* à fabrique *abonnée.*

Art. 9. — Les fabricants soumis à l'exercice sont en outre autorisés à recevoir, avec le crédit de l'impôt intérieur, les papiers de provenances étrangères, *in-folio*, en rames ou en rouleaux *qui sont destinés à être façonnés.*

Dans ce cas, le service des douanes délivre un acquit-à-caution garantissant l'impôt intérieur. Les papiers doivent être représentés aux employés de l'administration avant leur introduction chez le destinataire, et ils sont inscrits au registre dont la tenue est prescrite par l'article 17.

Si les papiers sont libérés d'impôt, ils doivent être représentés aux employés lors de leur introduction dans les fabriques, et, sous cette condition, ils sont pris en charge comme non passibles des droits.

Art. 10. — Les fabricants placés sous le régime de l'exercice n'ont point à payer l'impôt sur les quantités de papier, y compris les enveloppes ou emballages, qu'ils déclarent expédier directement à destination de l'étranger ou des colonies françaises. Il leur est délivré un acquit-à-caution garantissant l'impôt pour le cas où l'exportation ne serait pas justifiée *dans un délai de six mois.*

Art. 11. — (Conforme à l'art. 18 du décret du 30 nov. ci-dessus, p. 24).

Art. 12. — L'administration met à la disposition des fabricants de papier un registre à *souche* où ils doivent inscrire successivement, et avant l'enlèvement, les quantités, par catégories, des papiers, y compris les enveloppes ou emballages, qui devront sortir des fabriques sans transfert du crédit de l'impôt.

L'inscription constate, en outre, à la souche et à l'ampliation du registre :

L'heure précise de l'enlèvement des papiers ;

Le nom et la qualité du destinataire ;

Le lieu de destination.

Les énonciations relatives à la quantité et à l'espèce des papiers constituent les éléments de la perception de l'impôt.

Art. 13. — (Conforme à l'art. 20 du décret du 30 nov. ci-dessus, p. 24.)

Art. 14. — Dans un rayon d'un kilomètre autour de chaque fabrique, les ampliations des déclarations d'enlèvement doivent être représentées à la première demande des agents des contributions indirectes.

Au delà du rayon d'un kilomètre, les employés ne peuvent exiger la représentation des ampliations de déclarations d'enlèvement que pour les chargements qu'ils auraient vu sortir des fabriques.

Art. 15. — Les marchands en gros, les commissionnaires exportateurs et tous ceux qui font subir des transformations à des papiers destinés à être exportés en totalité ou en

PARTAGE.

1. *Copropriétaire, cohéritiers, coassociés, droit fixe gradué.* — V. ENREGISTREMENT, n° 10-5°.

2. *Dissimulation.* — V. le même mot, p. 27.

---

partie, peuvent obtenir de l'administration le crédit de l'impôt dans les conditions réglées par les articles précédents en ce qui concerne les fabricants, à la charge de se munir d'une licence de fabricant, de se soumettre à l'exercice et de fournir une caution qui s'engage solidairement avec eux à payer les droits sur les quantités imposables.

Art. 16. — Les papiers doivent être déclarés et imposés selon l'état dans lequel ils sont enlevés des fabriques.

La désignation de papier à lettre est applicable à tout papier façonné à cet usage.

Les enveloppes de lettre sont rangées dans la catégorie à laquelle appartient le papier dont elles sont formées.

La désignation de papier-parchemin s'applique aux parchemins de la nature du papier, à l'exclusion des parchemins en peau.

La désignation de papier-carton n'est applicable qu'au papier obtenu directement à l'état de carton.

Le papier-carte et les cartons quelconques résultant de l'assemblage de papiers qui, isolément, appartiendraient à d'autres catégories, sont rangés dans la même catégorie que ces papiers eux-mêmes, et doivent, dès lors, être l'objet de déclarations spécifiant, par catégorie, la quantité de papier formant l'assemblage.

Les mêmes distinctions seront faites relativement aux livres et aux registres de toute nature, y compris ceux dits *copies de lettres*, aux cahiers divers *avec* couverture, y compris les cahiers à cigarettes, et à tous objets confectionnés en papier.

A défaut de déclaration déterminant et spécifiant leur composition, le papier-carte, les cartons et cartonnages, les cahiers à couverture, les registres et les livres sont considérés comme appartenant pour leur poids total à la catégorie des papiers à écrire ou à imprimer.

Les papiers peints et les cartes ou cartons-porcelaine sont déclarés et imposés eu égard à la nature du papier, sous les déductions suivantes :

Papier dit *taille-douce*, néant.

Papier de couleur sans fond et carte ou carton-porcelaine enduits d'un seul côté, 1/6.

Papier blanc sans fond, 1/5.

Papier mat et tous autres papiers à fond, cartes et carton-porcelaine enduits des deux côtés, 1/3.

Papier avec fond satiné et doré, mat, doré et verni, 1/2.

Papiers veloutés et veloutés dorés, 2/3.

Art. 17. — Les dispositions de l'article précédent sont applicables aux papiers importés, y compris les papiers, cartons et cartonnages servant d'enveloppe ou d'emballage à des marchandises pour lesquelles la douane est chargée de percevoir à la fois le droit d'entrée et le droit intérieur.

Art. 18. — Au moyen d'ordonnances de décharges émanant de l'administration centrale, il est accordé aux fabricants ainsi qu'aux marchands en gros et commissionnaires pourvus de la licence de fabricant, remise d'une somme d'impôt égale au montant des droits afférents aux papiers, cartons ou cartes, et à tous objets confectionnés en papier, cartes ou cartons, pour lesquels ils produisent des certificats réguliers d'exportation délivrés par le service des douanes et ayant moins de six mois de date.

Toutefois, le papier à lettre ne donne lieu à la remise de la taxe spéciale à ce papier que lorsque l'exportation a été faite directement en vertu d'acquits-à-caution, soit par les fabricants, soit par des marchands en gros ou commissionnaires soumis à l'exercice. Dans tous les autres cas, la remise d'impôt est limitée à la taxe établie sur le papier à écrire ou à imprimer.

A l'égard des papiers peints et des cartes ou cartons-porcelaine dont l'exportation serait justifiée, la remise d'impôt n'est accordée que sous les déductions fixées par l'article 16. Les déclarations d'exportation faites par le commerce et les certificats de sortie délivrés par la douane relativement aux papiers peints doivent d'ailleurs spécifier s'il s'agit de papiers blancs ou de papiers de couleur.

Les papiers, les cartons et les cartonnages servant d'enveloppe ou d'emballage à des marchandises exportées ne sont mentionnés dans les certificats de sortie délivrés par la douane, et ils ne donnent lieu à la remise de l'impôt intérieur, que s'il s'agit de marchan-

PATENTE.

1. *Établissements multiples, droit fixe pour chaque établissement et dans chaque commune.* — Le patentable ayant plusieurs établissements, boutiques ou magasins de même espèce ou d'espèces différentes, est, quelle que soit

---

dises taxées à l'intérieur et donnant lieu elles-mêmes à la remise de l'impôt en cas d'exportation.

Art. 19. — Aucune décharge n'est accordée, aucune remise de droits n'est faite, pour déchets de fabrication ou de transformation, en ce qui concerne les papiers libérés d'impôt. Les quantités livrées à la consommation intérieure sont purement et simplement affranchies des taxes jusqu'à concurrence de la somme d'impôt afférente aux papiers introduits après payement des droits.

Art. 20. — Lorsque les commerçants ou commissionnaires non soumis à l'exercice exportent les livres, registres, cahiers à couverture et objets quelconques confectionnés en papier, il est accordé par l'administration des contributions indirectes une bonification de 10 p. 100 sur le poids des papiers, pour compenser les déchets occasionnés par le façonnage.

La bonification est exceptionnellement de 30 p. 100 pour le papier en dentelle, l'album photographique et l'éventail en papier.

Ces bonifications ne sont accordées que s'il est justifié que le façonnage a eu lieu postérieurement à la perception du droit sur les papiers, c'est-à-dire ailleurs que dans les établissements soumis au régime de l'abonnement.

Les justifications dont il s'agit doivent être mises à l'appui des certificats d'exportation délivrés par la douane ; elles sont contrôlées par l'administration des contributions indirectes.

Art. 21. — L'administration peut accorder la décharge des droits afférents aux papiers qui seraient détruits par un accident de force majeure, tel qu'un incendie ou une inondation.

Cette faculté s'étend aux papiers qui seraient aussi détruits *en cours de transport.*

Art. 22. — Le compte des fabricants exercés, y compris les marchands en gros et commissionnaires pourvus de la licence de fabricant, est réglé à la fin de chaque mois.

Art. 23. — Les fabricants exercés et les marchands en gros ou commissionnaires pourvus de la licence de fabricant jouiront du crédit des droits aussi bien pour les quantités inventoriées, en vertu de l'article 5 de la loi du 4 septembre 1871, que pour leurs fabrications ultérieures.

En cas de déclaration de cesser, ils devront payer immédiatement l'impôt dû pour les quantités formant leurs charges.

TITRE II. — DISPOSITIONS SPÉCIALES AUX FABRICANTS ABONNÉS.

Art. 24. — Les dispositions des articles 1, 2, 4, 5 § 3, 12, 14, et 16 à 21 sont applicables aux fabricants placés sous le régime de l'abonnement.

Art. 25. — Les fabricants qui veulent obtenir l'abonnement sont tenus de remettre aux agents de l'administration un relevé indiquant, pour chacune des six dernières années :

Le nombre et la force des moteurs et des machines qui ont fonctionné ;

Le nombre et la contenance des piles de cylindres employés pour la trituration des matières premières ;

Le nombre effectif des jours de travail et la durée moyenne du travail par jour ;

Enfin, par catégorie, les quantités de papier fabriqué.

Ce relevé doit indiquer, en outre, les moyens actuels de production et les modifications que, durant la période fixée pour l'abonnement, les fabricants se réservent d'apporter dans l'outillage et dans la nature même des fabrications.

Il doit, d'ailleurs, être donné aux employés de l'administration communication des registres de commerce et de comptabilité tenus dans les fabriques, et de tous autres documents existant dans l'usine et dont la production serait jugée utile par l'administration.

Art. 26. — Les abonnements sont discutés entre les fabricants et les directeurs ou sous-directeurs du département de l'administration des contributions indirectes. Ils reçoivent immédiatement leur effet, mais ils ne sont définitifs qu'après l'approbation de l'autorité supérieure.

A défaut d'approbation, le régime de l'exercice se substitue au régime de l'abonnement dix jours après la notification de la décision de l'administration.

La durée des abonnements est limitée à un an, sauf renouvellement. Toutefois, les

la classe ou la catégorie à laquelle il appartient comme patentable, passible d'un droit fixe entier, en raison du commerce, de l'industrie ou de la profession exercée dans chacun de ces établissements, boutiques ou magasins.

Les droits fixes sont imposables dans les communes où sont situés les

---

abonnements conclus en 1871 pourront comprendre la période à écouler jusqu'au 31 décembre 1872 inclusivement.

Art. 27. — Est prise pour base des abonnements la production normale de la fabrication durant les trois dernières années, sauf les augmentations ou réductions que comporteraient les changements apportés, depuis moins de trois ans, dans les moyens de production et dans la nature des fabrications.

La base des abonnements ayant été ainsi déterminée, il est établi, pour chaque catégorie de papier, une moyenne de fabrication par jour effectif de travail, et cette moyenne est appliquée au nombre total des jours compris dans la période fixée pour l'abonnement.

Toute interruption du travail de trituration qui est justifiée par les constatations des agents de l'administration ou par d'autres preuves authentiques donne lieu, sur le montant de l'abonnement, à une décharge proportionnée à la durée de l'interruption.

Dans tous les cas, les motifs de la suspension du travail de fabrication, et notamment de l'interruption du travail de trituration, doivent être immédiatement signalés aux employés de l'administration chargés de reconnaître la situation de la fabrique.

Art. 28. — Durant l'abonnement, les fabricants ne peuvent accroître leurs moyens de production ou modifier la nature de leurs fabrications qu'après une déclaration faite au bureau de l'administration, déclaration qui entraîne la révision de l'abonnement, eu égard aux changements apportés dans les moyens de production ou dans la nature des fabrications. Un nouveau traité est alors conclu dans les conditions fixées par l'article 26.

Dans tous les cas, les fabricants peuvent réparer ou remplaer, dans des conditions identiques ou similaires, l'outillage d'après lequel l'abonnement a été réglé.

Les agents de l'administration ont le droit de s'assurer que les moyens de production et la nature des fabrications n'ont pas été modifiés sans déclaration préalable.

En cas d'infraction aux dispositions du présent article, il est dressé procès-verbal, et l'abonnement est résilié de plein droit.

Art. 29. — Les fabricants abonnés peuvent recevoir de toute origine des papiers libérés d'impôt. Ils ne peuvent en recevoir avec le crédit des droits.

Ils peuvent expédier leurs papiers à toute destination, même à destination de fabriques exercées.

Art. 30. — Les fabricants doivent payer le montant de leur abonnement par douzième, de mois en mois et d'avance.

Art. 31. — Les fabricants qui se placeront sous le régime de l'abonnement auront à payer immédiatement les droits afférents aux quantités de papiers qui seront inventoriés dans leurs fabriques en vertu de l'article 5 de la loi du 4 septembre 1871.

Les quantités existant dans les mêmes établissements à l'expiration des abonnements seront considérées comme libérées d'impôt.

TITRE III. — DISPOSITIONS RELATIVES AUX PAPIERS SERVANT A L'IMPRESSION DES JOURNAUX ET AUTRES ÉCRITS PÉRIODIQUES.

Art. 32. — Sont soumis à la déclaration prescrite par l'article 5 de la loi du 4 septembre 1871, et aux visites et vérifications des employés de l'administration des contributions indirectes, tous établissements spéciaux ou autres dans lesquels s'impriment des journaux ou autres publications périodiques assujetties au cautionnement.

Art. 33. — Les directeurs, régisseurs ou gérants de ces établissements doivent inscrire sur un registre imprimé qui leur est fourni par l'administration des contributions indirectes :

1° A mesure qu'ils reçoivent des papiers destinés à l'impression des journaux ou d'autres publications assujetties au cautionnement, le nombre et le poids des feuilles introduites dans l'établissement;

2° Chaque matin et chaque soir, le nombre et le poids des feuilles de papier livrées à l'impression pour chaque journal ou autre écrit périodique assujetti au cautionnement ;

3° Le nombre et le poids des feuilles de papier employées pour les épreuves, ou constituant des non-valeurs, pour cause de détérioration.

4° Le nombre et le poids des feuilles formant le tirage effectif.

Art. 34. — Les contrôleurs et inspecteurs de l'administration peuvent s'assurer, par l'exa-

établissements, boutiques ou magasins qui y donnent lieu. — (L. 29 mars 1872, art. 1.)

2. *Maximum, suppression.* — Seront établis sans limite de maximum les droits de patente des professions, commerces et industries compris dans les tableaux annexés aux lois en vigueur, et qui sont tarifés en raison du nombre des ouvriers, machines, instruments ou moyens de production et autres éléments variables d'imposition.—(Même loi, art. 2.)—V. les tableaux B et C du tarif général.

3. *Droit fixe, tableau C, élévation d'un cinquième.* — Les droits fixes des patentables rangés dans le tableau C, annexé à la loi du 25 avril 1844, et dans les tableaux modificatifs correspondants annexés aux lois subséquentes, sont rehaussés d'un cinquième, sauf en ce qui concerne les marchands forains avec balle, bête de somme ou voiture, et les marchands forains de poterie sur bateau. — (Même loi, art. 3.)

4. *Droit proportionnel, tableaux A et B.* — Le taux du droit proportionnel de patente, établi d'après la valeur locative est porté :

Du quinzième au dixième pour les patentables compris dans la nomenclature générale des patentes à la première classe du tableau A et au tableau B annexés à la loi du 25 avril 1844, ainsi qu'aux tableaux modificatifs correspondants annexés aux lois subséquentes.

---

men des registres particuliers de commerce et de comptabilité tenus dans chaque établissement, que les déclarations ou inscriptions prescrites par l'article précédent sont faites avec exactitude.

L'administration peut d'ailleurs, comme moyen de contrôle relativement au tirage, avoir recours à l'installation de *compteurs*.

Art. 35. — Toutes les quantités de papier formant le tirage effectif des journaux et autres publications assujetties au cautionnement sont passibles du droit établi par le dernier paragraphe de l'article 7 de la loi du 4 septembre 1871.

Sont frappés du même droit les papiers dont l'emploi ne serait pas justifié. L'administration tient compte des *non-valeurs* dans la limite de 5 p. 100 des quantités livrées à l'impression. Toutefois cette limite n'est pas applicable au cas où les imprimeurs justifieraient de causes particulières de perte.

Art. 36. — Les imprimeurs payent, à la fin de chaque mois, le droit spécial afférent aux papiers employés à l'impression des journaux et des autres publications assujetties au cautionnement en vertu de la loi du 6 juillet 1871.

TITRE IV. — DISPOSITIONS GÉNÉRALES

Art. 37. — Lorsque le montant du décompte mensuel ou de l'abonnement dépasse le chiffre de 300 fr., les sommes dues peuvent être acquittées en une obligation cautionnée à quatre mois de terme sous la condition que l'obligation sera souscrite au plus tard cinq jours après le règlement mensuel.

Toutefois les fabricants, marchands en gros, commissionnaires et imprimeurs ont alors à payer une remise de 1/3 p. 100.

Si le payement des sommes supérieures à 300 fr. est effectué au comptant en numéraire, il est alloué un escompte réglé par arrêté du ministre des finances, sous la condition que le payement des droits sera effectué au plus tard cinq jours après le règlement mensuel. Dans ces limites, l'ajournement de la perception ne motive aucune réduction dans le calcul de l'escompte.

En cas de retard dans le payement, le recouvrement des droits est poursuivi par voie d'avertissement et de contrainte dans les conditions fixées par la législation des contributions indirectes.

Art. 38 — A défaut d'accomplissement des conditions inhérentes aux acquits-à-caution, les souscripteurs des acquits-à-caution payeront le double des droits dus au Trésor.

Art. 39. — (Conforme à l'article 30 du décret du 30 novembre 1871 sur les fabricants de chicorée, ci-dessus, p. 25).

Du vingtième au quinzième pour les patentables compris dans les deuxième et troisième classes du tableau A annexé à la loi du 25 avril 1844, et de tableaux modificatifs correspondants annexés aux lois subséquentes. — (Même loi, art. 4.)

5. *Délai et mode d'exécution ; centimes additionnels départementaux et communaux.* — Les articles 17 de la loi du 18 mai 1850 et 9 de la loi du 4 juin 1858, ainsi que les tableaux annexés aux lois de patentes en vigueur, sont modifiés en ce qu'ils ont de contraire aux dispositions des articles 1, 2, 3 et 4 ci-dessus.

Ces dispositions auront leur effet à partir du 1er avril 1872.

Dans les rôles supplémentaires où seront portées, pour l'exercice 1872, les augmentations de tarif résultant de la présente loi, il ne sera pas tenu compte des centimes additionnels départementaux et communaux. — (L. 29 mars 1872, art. 5.)

6. *Chemins de fer, entreprises diverses de transport, registres, communication.* — Les compagnies de chemins de fer, les services de transports fluviaux, maritimes et terrestres, ainsi que les établissements d'entrepôt et de magasins généraux, sont tenus de laisser prendre connaissance des registres de réception et d'expédition de marchandises aux agents des contributions directes chargés de l'assiette des droits de patente. — (L. 29 mars 1872, art. 6.)

7. *Centimes additionnels aux centimes généraux perçus au profit de l'Etat.* — En sus des centimes généraux sans affectation spéciale, il sera perçu au profit du Trésor, pour l'année 1873 :

60 cent. additionnels au principal de la contribution des patentes. — (L. 16 juill. 1872, art. 1.)

8. Pour tenir compte de l'accroissement du droit de timbre dont seraient passibles les livres de commerce et les formules de patentes, le nombre des centimes additionnels au principal de la contribution des patentes établis en remplacement de ce droit par les lois des 20 juillet 1837 et 4 juin 1858, est augmenté de trois centimes huit dixièmes. — (L. 23 juill. 1872, art. 2.)

9. Sont affranchis des 60 cent. additionnels au principal de la contribution des patentes :

1° Les patentables des 7e et 8e classes du tableau A, qui exercent leurs professions dans des communes de 20,000 âmes et au-dessous ;

2° Les patentables dont les professions sont rangées dans les autres tableaux annexés aux lois de patentes et dont les droits, au principal, n'excèdent pas 8 fr. — (L. 16 juill. 1872, art. 2.)

10. *Révision de la loi des patentes.* — Il sera procédé à la révision de la loi des patentes, et les résultats de cette révision seront soumis à l'approbation de l'Assemblée nationale. — (L. 16 juill. 1872, art. 3.)

PAYEMENT.

Délai, prorogation, droit fixe gradué. — V. ENREGISTREMENT, n° 10-8°.

PERMIS DE CHASSE.

Timbre, exemption du second décime. — Le droit perçu au profit du Trésor est rehaussé de 15 fr., ce qui porte à 40 fr. le prix d'un permis. — (L. 23 août 1871, art. 2, § 3). — V. TIMBRE, n° 3-3°.

POIRÉS. — V. BOISSONS.

POIVRE, etc.

Droit de douane, importation. — Poivre, piment, girofle, cannelle, cassia lignea, muscades en coques : des pays hors d'Europe, y compris les possessions françaises, 200 fr., les 100 kil.; d'ailleurs, 240 fr. les 100 kil. — (L. 8 juill. 1871, art. 10.) — V. Amomes et Cardamomes.

POSTES.

1. *Lettres ordinaires, bureau à bureau.* — La taxe des lettres, du poids de 10 grammes et au-dessous, circulant en France et en Algérie, de bureau à bureau, est fixée à :

25 centimes pour les lettres affranchies ;
40 centimes pour les lettres non affranchies.
De 10 grammes à 20 grammes inclusivement, cette taxe est élevée à :
40 centimes pour les lettres affranchies ;
60 centimes pour les lettres non affranchies.
De 20 grammes à 50 grammes inclusivement, à :
70 centimes pour les lettres affranchies ;
1 franc pour les lettres non affranchies.
A partir de 50 grammes, la taxe est augmentée de :
50 centimes pour les lettres affranchies ;
75 centimes pour les lettres non affranchies, pour chaque 50 grammes ou fractions de 50 grammes. — (L. 24 août 1871, art. 1.)

2. *Lettres ordinaires, circonscription du même bureau.* — La taxe des lettres du poids de 10 grammes et au-dessous, nées et distribuables dans la circonscription postale du même bureau, Paris excepté, est fixée à :

15 centimes pour les lettres affranchies ;
25 centimes pour les lettres non affranchies.
De 10 grammes à 20 grammes inclusivement, cette taxe est élevée à :
25 centimes pour les lettres affranchies ;
40 centimes pour les lettres non affranchies.
De 20 grammes à 50 grammes inclusivement, à :
40 centimes pour les lettres affranchies ;
60 centimes pour les lettres non affranchies.
A partir de 50 grammes, la taxe est augmentée de :
25 centimes pour les lettres affranchies.
40 centimes pour les lettres non affranchies, pour chaque 50 grammes ou fractions de 50 grammes. — (Même loi, art. 2.)

3. *Lettres ordinaires, Paris.* — La taxe des lettres de Paris pour Paris, dont l'enceinte des fortifications marque les limites, est fixée, jusqu'à 15 grammes exclusivement, à :

15 centimes pour les lettres affranchies ;
25 centimes pour les lettres non affranchies.
De 15 grammes à 30 grammes exclusivement, cette taxe est élevée à :
30 centimes pour les lettres affranchies ;
50 centimes pour les lettres non affranchies, et ainsi de suite en ajoutant par chaque 30 grammes ou fractions de 30 grammes :
15 centimes pour les lettres affranchies :
25 centimes pour les lettres non affranchies. — (Même loi, art. 3.)

4. *Affranchissement insuffisant.* — En cas d'insuffisance d'affranchissement, la taxe est calculée comme si les lettres n'avaient pas été affranchies, mais il est fait déduction de la valeur des timbres-poste employés. — (Art. 4.)

5. *Lettres chargées, droit fixe.* — Le droit fixe à percevoir sur chaque lettre chargée, en sus du port de la lettre ordinaire, est fixé à 50 cent. — (L. 24 août 1871, art. 5.)

6. *Valeur déclarée, droit fixe, droit proportionnel, avis de réception.* — Indépendamment du droit fixe de 50 cent. et du port de la lettre, suivant son poids, l'expéditeur des valeurs déclarées payera d'avance un droit proportionnel de 20 cent. pour chaque 100 fr. ou portion de 100 fr.

La taxe des avis de réception est fixée à 20 cent. — (Art. 6, §§ 1 et 2.)

7. *Échantillons, épreuves d'imprimerie,* etc. — Le port des échantillons de marchandises, des épreuves d'imprimerie corrigées, des papiers de commerce ou d'affaires, placés soit sous bandes mobiles, soit dans des enveloppes non fermées, soit dans des sacs ou boîtes faciles à ouvrir, est de 30 cent. jusqu'à 50 grammes. A partir de 50 grammes, il est augmenté de 10 cent. par 50 grammes ou fractions de 50 grammes. — (Art. 6, § 3.)

8. *Envois non affranchis.* — Sont maintenues, en cas de non affranchissement des objets, les dispositions de l'article 8 de la loi du 25 juin 1856. — (Art. 7.)

9. *Articles d'argent, droit proportionnel.* — Le droit de poste à percevoir sur les sommes confiées à l'administration, à titre d'articles d'argent, est porté à 2 p. 100. — (Art. 8.)

10. *Circulaires, prospectus, imprimés; bulletins de vote,* etc. — Le port des circulaires, prospectus, catalogues, avis divers et prix courants, livres, gravures, lithographies en feuilles, brochés ou reliés, et en général de tous les imprimés autres que les journaux et ouvrages périodiques, est de 2 centimes par chaque exemplaire du poids de 5 grammes et au-dessous expédié sous bandes.

Le port est augmenté de 1 cent. par chaque 5 grammes ou fraction de 5 grammes excédant. Lorsque le poids des objets spécifiés au présent article dépasse 50 grammes, ou lorsque ces objets sont réunis en un paquet dépassant 50 grammes adressé à un seul destinataire, le port est augmenté de 1 cent. par 10 grammes ou fraction de 10 grammes.

Sont exceptés, les circulaires électorales et bulletins de vote, pour lesquels l'ancien tarif est maintenu. — (Art. 9.)

11. *Maintien des lois antérieures.* — Sont maintenues toutes les dispositions des lois concernant le service des postes, auxquelles il n'a pas été dérogé par la présente loi. — (Art. 10.)

POUDRE DE CHASSE.

Prix doublé. — A partir de la promulgation de la présente loi, le prix actuel des diverses espèces de poudre de chasse sera doublé. — (L. 4 sept. 1871, art. 11.)

PROCÈS-VERBAUX.

1. *Alcools, fraude.* — V. ALCOOLS, ci-dessus, p. 4, n° 23.

2. *Tabacs, fraudes.* — Les procès-verbaux peuvent être établis par un seul employé, ils ne font foi que jusqu'à preuve contraire. — (L. 29 fév. 1872, art. 3.) — V. TABACS, n° 6.

3. *Timbre, connaissements, quittances, récépissés de chemin de fer.* — V. CONNAISSEMENTS; QUITTANCES, n° 6; RÉCÉPISSÉS DE CHEMIN DE FER, n° 4.

QUITTANCES, REÇUS, CHÈQUES, etc.

1. *Timbre de 10 centimes.* — A partir du 1er décembre 1871, sont soumis à un droit de timbre de dix centimes :

1° Les quittances ou acquits donnés au pied des factures et mémoires, les quittances pures et simples, reçus ou décharges de sommes, titres valeurs ou objets, et généralement tous les titres de quelque nature qu'ils soient, signés ou non signés, qui emporteraient libération, reçu ou décharge ;

2° Les chèques, tels qu'ils sont définis par la loi du 14 juin 1865, dont l'article 7 est et demeure abrogé.

Le droit est dû pour chaque acte, reçu, décharge ou quittance ; il peut être acquitté par l'apposition d'un timbre mobile, à l'exception toutefois des droits sur les chèques, lesquels ne peuvent être remis à celui qui doit en faire usage sans qu'ils aient été préalablement revêtus de l'empreinte du timbre à l'extraordinaire.

Le droit de timbre de dix centimes n'est applicable qu'aux actes faits sous signatures privées et ne contenant pas de dispositions autres que celles spécifiées au présent article. — (L. 23 août 1871, art. 18.)

2. *Timbre préalable, remise de 2 p. 100.* — Une remise de deux pour cent sur le tibre est accordée, à titre de déchet, à ceux qui feront timbrer préablement leurs formules de quittances, reçus ou décharges. — (Même loi, art. 19.)

3. *Exceptions : effets de commerce, quittances de 10 fr. et au-dessous, etc.* — Sont exceptés du droit de timbre de dix centimes :

1° Les acquits inscrits sur les chèques, billets à ordre et autres effets de commerce (V. ci-dessous, le mot Timbre, n° 3-1°) assujettis au droit proportionnel ;

2° Les quittances de 10 fr. et au-dessous, quand il ne s'agit pas d'un à-compte ou d'une quittance finale sur une plus forte somme ;

3° Les quittances énumérées en l'article 16 de la loi du 13 brumaire an VII, à l'exception de celles relatives aux traitements et émoluments des fonctionnaires, officiers des armées de terre et de mer et employés salariés par l'État, les départements, les communes et tous établissements publics ;

4° Les quittances délivrées par les comptables des deniers publics, celles des douanes, des contributions indirectes et des postes qui restent soumises à la législation qui leur est spéciale.

Toutes autres dispositions contraires sont abrogées. — (Même loi, art. 20.)

4. Sont encore exempts du droit de timbre des quittances, reçus ou décharges de toute nature, les reconnaissances et reçus donnés, soit par lettres, soit autrement pour constater la remise d'effets de commerce à négocier, à accepter ou à encaisser. — (L. 30 mars 1872, art. 4.)

5. *Qui doit payer le timbre ?* — Le droit de timbre est à la charge du débiteur ; néanmoins, le créancier qui a donné quittance, reçu ou décharge en contravention aux dispositions de l'article 18, est tenu personnellement et sans recours, nonobstant toute stipulation contraire, du montant des droits, frais et amendes. — (L. 23 août 1871, art. 23, § 2.)

6. *Contravention, constatation, procès-verbaux, procédure, amende.* — Toute contravention aux dispositions de l'article 18 sera punie d'une amende de cinquante francs. L'amende sera due par chaque acte, écrit, quittance, reçu ou décharge pour lequel le droit de timbre n'aurait pas été acquitté.

La contravention sera suffisamment établie par la représentation des pièces non timbrées et annexées aux procès-verbaux que les employés de l'enregistrement, les officiers de police judiciaire, les agents de la force publique, les préposés des douanes, des contributions indirectes et ceux des octrois sont autorisés à dresser, conformément aux articles 31 et 32 de la loi du 13 brumaire an VII. Il leur est attribué un quart des amendes recouvrées.

Les instances seront instruites et jugées selon les formes prescrites par l'article 76 de la loi du 28 avril 1816. — (L. 23 août 1871, art. 23, §§ 1, 3 et 4.)

7. *Règlement, contravention, amende.* — Un règlement d'administration publique déterminera la forme et les conditions d'emploi des timbres mobiles créés en exécution de la présente loi. Toute infraction aux dispositions de ce règlement sera punie d'une amende de vingt francs (1).

Sont applicables à ces timbres les dispositions de l'article 21 de la loi du 11 juin 1859 :

Sont considérés comme non timbrés :

1° Les actes, pièces ou écrits sur lesquels un timbre mobile aurait été apposé sans l'accomplissement des conditions prescrites par le règlement

---

(1) Voici le texte de ce règlement, rendu le 27 novembre 1871 et promulgué au *Journal officiel* du 28 :

Art. 1er. — Il est établi, pour l'exécution de l'article 18 de la loi susvisée, un timbre mobile à 10 cent. conforme au modèle annexé au présent décret.

L'administration de l'enregistrement, des domaines et du timbre fera déposer au greffe des cours et tribunaux des spécimens de ce timbre mobile. Le dépôt sera constaté par un procès-verbal dressé sans frais.

Art. 2. — Ce timbre mobile est apposé sur les quittances ou acquits donnés au pied des factures et mémoires, les quittances pures et simples, les reçus ou décharges de sommes, titres, valeurs ou objets, et généralement sur tous les titres, de quelque nature qu'ils soient, signés ou non signés, et qui emporteraient libération, reçu ou décharge.

Ce timbre est collé et immédiatement oblitéré par l'apposition, *à l'encre noire*, en travers du timbre, de la signature du créancier ou de celui qui donne reçu ou décharge, ainsi que de la date de l'oblitération.

Cette signature peut être remplacée par une griffe, apposée à *l'encre grasse*, faisant connaître la résidence, le nom ou la raison sociale du créancier et la date de l'oblitération du timbre.

Art. 3. — Les ordonnances, taxes, exécutoires, et généralement tous mandats payables sur les caisses publiques, les bordereaux, quittances, reçus ou autres pièces, peuvent être revêtus du timbre 10 cent. par les agents chargés du payement. Le timbre est oblitéré au moyen d'une griffe par ces agents, qui demeurent responsables des contraventions commises à raison des pièces acquittées à leur caisse.

Les sociétés et compagnies, assureurs, entrepreneurs de transport et tous autres assujettis aux vérifications des agents de l'enregistrement par l'article 22 de la loi du 23 août 1871 et par les lois antérieures, peuvent, également sous leur responsabilité, user de la même faculté, en ce qui concerne les actions, obligations, dividendes et intérêts payables au porteur, les rentes sur l'étranger ainsi que toutes autres pièces de dépenses, états de solde et d'émargement.

Art. 4. — Les sociétés, compagnies et particuliers qui, pour s'affranchir de l'obligation d'apposer et d'oblitérer les timbres mobiles, veulent soumettre au timbre à l'extraordinaire des formules imprimées, pour quittances, reçus ou décharges, sont tenus de déposer ces formules et d'acquitter les droits (sauf la remise de 2 p. 100 accordée à titre de déchet) au bureau de l'enregistrement de leur résidence ou à celui qui sera désigné par l'administration, s'il existe plusieurs bureaux dans la même ville.

Art. 5. — Les formules d'états de solde ou de payement, dits états d'émargement, les registres de factage ou de camionnage et les autres documents pour lesquels il est dû un droit de timbre, par chaque payement excédant 10 fr. ou pour chaque objet reçu ou déposé, ne peuvent être timbrés à l'extraordinaire qu'autant que le droit à percevoir, par chaque page, correspondra à l'une des quotités des timbres de dimension en usage (actuellement 0 fr. 60, 1 fr. 20, 1 fr. 80, 2 fr. 40 et 3 fr. 60).

Art. 6. — Les billets de place délivrés par les compagnies et entrepreneurs, et dont le prix excède 10 fr., peuvent, si la demande en est faite, n'être revêtus d'aucun timbre ; mais ces compagnies et entrepreneurs sont tenus de se conformer au mode de justification et aux époques de payement déterminés par l'administration.

Art. 7. — Le ministre des finances est chargé de l'exécution du présent décret.

d'administration publique, ou sur lesquels aurait été apposé un timbre ayant déjà servi :

2° Les actes, pièces ou écrits sur lesquels un timbre mobile aurait été apposé en dehors des cas prévus par l'article 18. — (Même loi, art. 24.)

RÉCÉPISSÉS DE CHEMINS DE FER ET LETTRES DE VOITURE.

1. *Taxe spéciale des récépissés, timbre de décharge, réunion.* — Le droit de décharge de 10 cent., créé par l'article 18 de la loi du 23 août 1871 (V. QUITTANCES), pour constater la remise des objets, sera réuni à la taxe due pour les récépissés et lettres de voiture, qui est fixée ainsi qu'il suit :

Récépissé délivré par les compagnies de chemins de fer (droit de décharge compris), 0,35. — Droit porté à 70 cent. — (V. le n° suivant).

Lettre de voiture (droit de décharge compris) 0,70. — (L. 28 fév. 1872, art. 11).

2. — A partir du 8 avril 1872, le droit de timbre des récépissés délivrés par les chemins de fer, en exécution de la loi du 13 mai 1863, est fixé, y compris le droit de la décharge donnée par le destinataire, à soixante-dix centimes (0,70 c.), pour chacun des transports effectués autrement qu'en grande vitesse.

Ces récépissés pourront servir de lettres de voiture pour les transports qui, indépendamment des voies ferrées, emprunteront les routes, canaux et rivières. Les modifications qui pourraient survenir en cours d'expédition, tant dans la destination que dans le prix et les conditions du transport, pourront être écrites sur ces récépissés.

Le droit de 70 cent. n'est pas assujetti aux décimes. — (L. 30 mars 1872, art. 1.)

3. *Entrepreneurs de transports, groupage, bordereaux détaillés, récépissés spéciaux, registres, communication.* — Les entrepreneurs de messageries et autres intermédiaires de transports qui réunissent en une ou plusieurs expéditions des colis ou paquets envoyés à des destinataires différents, sont tenus de remettre aux gares expéditrices un bordereau détaillé et certifié, écrit sur du papier non timbré et faisant connaître le nom et l'adresse de chacun des destinataires réels.

Il sera délivré, outre le récépissé pour l'envoi collectif, un récépissé spécial à chaque destinataire. Ces récépissés spéciaux ne donneront pas lieu à la perception du droit d'enregistrement au profit des compagnies de chemins de fer, mais ils seront établis par les entrepreneurs de transports eux-mêmes, sur des formules timbrées que les compagnies de chemins de fer tiendront à leur disposition, moyennant remboursement des droits et frais. Les numéros de ces récépissés seront mentionnés sur le registre de factage ou de camionnage que lesdits entrepreneurs ou intermédiaires sont tenus de faire signer pour décharge par les destinataires.

Ces livres ou registres seront représentés à toute réquisition aux agents de l'enregistrement. — (L. 30 mars 1872, art. 2, §§ 1, 2 et 3.)

4. *Contravention, constatation, amende.* — Chaque contravention aux dispositions qui précèdent sera punie d'une amende de 50 fr., et de 100 fr. en cas de récidive dans le délai d'un an.

Ces contraventions seront constatées par tous les agents ayant qualité pour verbaliser en matière de timbre, et par les commissaires de surveillance administrative. — (Même article, §§ 4 et 5).

RECONNAISSANCES DE RENTES.

Droit fixe gradué. — V. ENREGISTREMENT, n° 10-10°.

RECUS.

Timbre. — V. QUITTANCES.

RÉDUCTION HYPOTHÉCAIRE.

Droit fixe gradué. — V. ENREGISTREMENT, n° 10-7°.

RENTES CONSTITUÉES.

Titres nouvels, reconnaissance, droit fixe gradué. — V. ENREGISTREMENT, n° 10-10°.

REVENU (IMPÔT SUR LE).

V. CRÉANCES HYPOTHÉCAIRES; — VALEURS MOBILIÈRES, n°s 5 et suiv., 18.

SERMENT. — V. ENREGISTREMENT, n° 9.

SOCIÉTÉ.

Formation, prorogation, enregistrement, droit fixe gradué. — V. ENREGISTREMENT, n° 10-1°.

STATISTIQUE COMMERCIALE.

Droit spécial de 10 centimes. — Il est établi, pour subvenir aux frais de la statistique commerciale, un droit spécial de 10 cent. par colis sur les marchandises en futailles, caisses, sacs ou autres emballages, de 10 cent. par 1,000 kil. ou par mètre cube sur les marchandises en vrac, et de 10 cent. par tête sur les animaux, vivants ou abattus, des espèces chevaline, bovine, ovine, caprine et porcine. Ce droit, indépendant de toute autre taxe, mais affranchi des dixièmes additionnels, sera perçu tant à l'entrée qu'à la sortie, quelle que soit la provenance ou la destination. — (L. 22 janv. 1872, art. 3.)

SUCRE.

1. *Augmentation de trois dixièmes.* — Les droits sur les sucres de toute origine sont augmentés de trois dixièmes. — (L. 8 juill. 1871, art. 1.)

2. *Augmentation de deux nouveaux dixièmes.* — Les droits perçus sur les sucres et glucoses de toute origine, antérieurement à la loi du 8 juillet 1871, sont augmentés de deux nouveaux dixièmes.

Les sucres existant, au moment de la promulgation de la présente loi, dans les entrepôts, les fabriques ou les raffineries, seront assujetties au payement de cette taxe nouvelle. Les employés des douanes et des contributions indirectes relèveront les quantités existantes tant en sucre brut qu'en sucre raffiné et en tenant compte du rendement des sucres bruts au raffinage.

Les sucres bruts pourront être recherchés, en quelque endroit qu'ils existent, par les mêmes employés. — (L. 22 janv. 1872, art. 1 et 2.)

3. *Sucres extraits des mélasses épuisées.* — Les sucres extraits, par les procédés barytiques et autres, des mélasses épuisées, libérées d'impôts, sont

assujettis à un droit de 15 fr. les 100 kil., décimes compris. — (L. 16 sept. 1871, art. 6.) (1).

4. *Mélasses non destinées à la distillation.* — Les mélasses non destinées à la distillation, ayant 50 p. 100 au moins de richesse saccharine, acquitteront un droit de 18 fr. 60 les 100 kil. — (L. 8 juill. 1871, art. 3.)

5. *Glucoses à l'état de sirop.* — Les glucoses à l'état de sirop et à l'état concret acquitteront un droit de 10 fr. les 100 kil., décimes compris. — (Même loi, art. 4.)

TABACS.

1. *Tabacs ordinaires, prix, augmentation.* — Le prix des tabacs ordinaires que la régie vendra aux consommateurs est fixé à 12 fr. 50 cent. par kil. — (L. 29 fév. 1872, art. 1.)

2. *Tabacs supérieurs.* — La régie est autorisée à fabriquer de nouvelles qualités de tabacs supérieurs à priser, à fumer et à mâcher, dont les prix seront fixés conformément à l'article 177 de la loi du 28 avril 1816. — (L. 4 sept. 1871, art. 2.)

3. *Tabacs de cantine. zone, Tabac à priser.* — Le prix des tabacs dits de cantine, dont la vente a été autorisée par la loi du 28 avril 1816, ne pourra pas excéder 2 fr. 50, 4 fr. et 6 fr. chez les débitants, suivant les zones auxquelles ils appartiendront.

Un règlement d'administration publique déterminera l'étendue et la délimitation des nouvelles zones. — (L. 4 sept. 1871, art. 1.)

4. Le tabac à prix réduit, dont la fabrication est prescrite par l'article 175 de la loi du 28 avril 1816, ne comprendra plus de tabac à priser.

Le prix du scaferlati de cantine ne pourra pas excéder 3, 5 et 8 fr. chez les débitants, suivant les zones auxquelles ils appartiendront. — Les rôles dits de cantine seront exclusivement vendus dans la première et la deuxième zone, au prix de 6 et 8 fr. chez les débitants.

Les tabacs à fumer et à mâcher, destinés aux troupes de terre et de mer, continueront à être vendus aux prix de 1 fr. 50 cent. pour le scaferlati et de 2 fr. pour les rôles. — (L. 29 fév. 1872, art. 2.)

5. Les articles 174 et 175 de la loi du 28 avril 1816 sont abrogés. — (L. 29 fév. 1872, art. 4.)

6. *Procès-verbaux, employé unique, preuve contraire.* — Les procès-verbaux et actes divers, relatifs à l'exécution des lois concernant les tabacs, pourront être établis par un seul employé ; mais, dans ce cas, ils ne feront foi que jusqu'à preuve contraire. — (L. 29 fév. 1872, art. 3.)

7. *Droit de douane.* — Tabacs et cigarettes dont l'importation est autorisée pour le compte des particuliers, 36 fr. par kil. — (L. 8 juill. 1871, art. 16.)

TAXE ASSIMILÉE AUX CONTRIBUTIONS DIRECTES. — V. BILLARDS ; — CERCLES ; — CHEVAUX ET VOITURES ; — CRÉANCES HYPOTHÉCAIRES.

TAXE ASSIMILÉE AUX CONTRIBUTIONS INDIRECTES. — V. CHICORÉE ; — PAPIER.

---

(1) Cet article remplace l'art. 2 de la loi du 8 juillet 1871, ainsi conçu :

« Les sucres extraits, par les procédés barytiques, des mélasses dites épuisées, sont assujettis à un droit de 15 fr. les 100 kil., décimes compris. »

La différence consiste dans l'addition des mots *et autres* aux mots *procédés barytiques.*

TAXE ASSIMILÉE A L'ENREGISTREMENT. — V. VALEURS MOBILIÈRES, n° 9.

TÉLÉGRAPHIE.

Surtaxe. — Il est ajouté au principal de la taxe de toute dépêche échangée entre deux bureaux d'un même département de France ou d'Algérie, une surtaxe calculée à raison de deux décimes par franc.

Cette surtaxe est portée à quatre décimes par franc pour les dépêches télégraphiques échangées entre deux bureaux quelconques de France ou d'Algérie, en dehors du cas précédent. — (L. 29 mars 1872, art. unique.)

THÉ.

Droit de douane, importation. — Des pays hors d'Europe, 200 fr. les 100 kil.; d'ailleurs, 260 fr. les 100 kil. — (L. 8 juill. 1871, art. 7.)

TIMBRE.

1. *Avertissements donnés par les juges de paix.* — V. ce mot, ci-dessus, p. 10.

2. *Connaissements.* — V. ce mot ci-dessus, p. 25.

3. *Double décime.* — Le papier timbré est augmenté de deux décimes. Ainsi une feuille simple (dite demi-feuille) coûtera dorénavant 60 cent. au lieu de 50 cent.

C'est ce qui résulte des dispositions suivantes :

Il est ajouté deux décimes au principal des droits de timbre de toute nature.

Ne sont pas soumis à ces deux décimes :

1° Les effets de commerce spécifiés en l'article 1er de la loi du 5 juin 1850, dont le tarif, fixé par ledit article et par l'article 2 de la même loi, est porté au double, ainsi que les effets tirés de l'étranger sur l'étranger, négociés, endossés, acceptés ou acquittés en France, qui sont soumis aux mêmes droits. — (L. 23 août 1871, art. 2.)

2° Les récépissés des chemins de fer, les quittances de produits et revenus délivrés par les comptables de deniers publics, conformément à l'article 4 de la loi du 8 juillet 1865, les reconnaissances de valeurs cotées, ainsi que les quittances de sommes envoyées par la poste, lesquels seront, à l'avenir, assujettis à un droit de timbre de 25 cent. — (Même article.) — Pour les récépissés de chemins de fer, V. ces mots, ci-dessus, p. 62, nos 1 et 2.

3° Les permis de chasse, dont le droit, perçu au profit du Trésor, est élevé de 15 fr. à 30 fr. — (Même article.) (1).

4. *Double décime, taxes d'abonnement.* — Les deux décimes ajoutés au principal des droits de timbre de toute nature par l'article 2 de la loi du 23 août 1871, sont applicables aux taxes d'abonnement exigibles depuis la mise à exécution de cette loi, quelle que soit d'ailleurs l'époque à laquelle l'abonnement ait été contracté. — (L. 30 mars 1872, art. 3.)

5. *Effets publics étrangers.* — V. VALEURS MOBILIÈRES, nos 10 et suiv.

---

(1) Le permis de chasse étant, en outre, assujetti à un droit de 10 fr. au profit de la commune, le droit total se trouve ainsi porté à 40 fr.

6. *Quittances, reçus, décharges, récépissés des chemins de fer.* — V. nº 3 et les mots QUITTANCES; RÉCÉPISSÉS DES CHEMINS DE FER.

7. *Sociétés, etc., registres, vérification.* — Les sociétés, compagnies, assureurs, entrepreneurs de transports et tous autres, assujettis aux vérifications des agents de l'enregistrement par des lois en vigueur, sont tenus de représenter auxdits agents leurs livres, registres, titres, pièces de recette, de dépense et de comptabilité, afin qu'ils s'assurent de l'exécution des lois sur le timbre. — (L. 23 août 1871, art. 22.)

8. *Contravention.* — Les dispositions du paragraphe 1er de l'article 17 de la loi du 23 août 1871 sont applicables aux contraventions aux lois sur les timbres de dimension, encourues à raison des actes sous signatures privées qui n'auraient pas été régulièrement timbrés.

Le bénéfice résultant de cet article ne peut être réclamé que pour les contraventions existant au jour de la promulgation de la présente loi. — (L. 23 août 1871, art. 17, §§ 4 et 5.) — V. ENREGISTREMENT, nº 2.

TITRES NOUVELS.

Rentes, reconnaissance, droit fixe gradué. — V. ENREGISTREMENT, nº 10-10º.

TONNAGE (DROIT DE). — V. MARINE MARCHANDE, nº 6.

VALEURS DÉCLARÉES. — V. POSTE, nº 6.

VALEURS MOBILIÈRES.

§ 1. — VALEURS MOBILIÈRES FRANÇAISES.

1. *Droit de transmission, tarif, obligations des départements, etc., obligations foncières, valeur négociée.* — A partir de la promulgation de la présente loi, le taux des droits et taxe établis par la loi du 23 juin 1857 et par celles des 16 septembre 1871 et 30 mars 1872, est réduit ainsi qu'il suit, savoir :

A 50 cent. par 100 fr. pour la transmission ou la conversion des titres nominatifs.

A 20 cent. par 100 fr. pour la taxe à laquelle sont assujettis les titres au porteur.

Ces droits et taxe ne sont pas soumis aux décimes. — (L. 29 juin 1872, art. 3.)

2. Ces droits sont applicables à la transmission des obligations des départements, des communes, des établissements publics et de la société du Crédit foncier. — (L. 16 sept. 1871, art. 11.)

3. Ces droits seront perçus à l'avenir sur la valeur négociée, déduction faite des versements restant à faire sur les titres non entièrement libérés. — (L. 30 mars 1872, art. 1er, § 2.)

4. *Timbre, abonnement, lettres de gage, obligations foncières.* — Le taux d'abonnement au timbre des lettres de gage et obligations du Crédit foncier fixé par l'article 29 de la loi du 8 juillet 1852 est élevé à 05 cent. par 1,000 fr.— (L. 30 mars 1872, art. 1, § 3.)

5. *Revenu, taxe annuelle.* — Indépendamment des droits de timbre et de transmission établis par les lois existantes, il est établi, à partir du 1er juillet 1872, une taxe annuelle et obligatoire :

1° Sur les intérêts, dividendes, revenus et tous autres produits des actions de toute nature, des sociétés, compagnies ou entreprises quelconques, financières, industrielles, commerciales ou civiles, quelle que soit l'époque de leur création ;

2° Sur les arrérages et intérêts annuels des emprunts et obligations des départements, communes et établissements publics, ainsi que des sociétés, compagnies et entreprises ci-dessus désignées ;

3° Sur les intérêts, produits et bénéfices annuels des parts d'intérêt et commandites dans les sociétés, compagnies et entreprises dont le capital n'est pas divisé en actions. — (L. 29 juin 1872, art. 1.) — V. aussi n° 18.

6. *Revenu, détermination.* — Le revenu est déterminé :

1° Pour les actions, par le dividende fixé d'après les délibérations des assemblées générales d'actionnaires ou des conseils d'administration, les comptes-rendus ou tous autres documents analogues ;

2° Pour les obligations ou emprunts, par l'intérêt ou le revenu distribué dans l'année ;

3° Pour les parts d'intérêt et commandites, soit par les délibérations des conseils d'administration des intéressés, soit, à défaut de délibération, par l'évaluation à raison de 5 p. 100 du montant du capital social ou de la commandite, ou du prix moyen des cessions de parts d'intérêt consenties pendant l'année précédente.

Les comptes rendus et les extraits des délibérations des conseils d'administration ou des actionnaires seront déposés dans les vingt jours de leur date au bureau de l'enregistrement du siége social. — (Même loi, art. 2.)

7. *Revenu, taxe, quotité.* — La quotité de la taxe établie par la présente loi est fixée à 3 p. 100 du revenu des valeurs spécifiées en l'article 1er. — (V. n° 5.)

Le montant en est avancé, sauf leur recours, par les sociétés, compagnies, entreprises, villes, départements ou établissements publics.

Pour l'année 1872, les revenus, intérêts et dividendes seront sujets à la taxe pour moitié seulement de leur montant, quelle que soit d'ailleurs l'époque à laquelle le payement aura lieu. — (Même loi, art. 3.)

8. *Revenu, taxe, contravention.* — Chaque contravention aux dispositions qui précèdent et à celles du règlement d'administration publique qui sera fait pour leur exécution, sera punie conformément à l'article 10 de la loi du 23 juin 1857. — (Même loi, art. 5.)

9. *Revenu, taxe assimilée à l'enregistrement.* — Le recouvrement de la taxe sur le revenu sera suivi, et les instances seront introduites et jugées comme en matière d'enregistrement. — (Même article.)

§ 2. — Valeurs mobilières étrangères.

10. *Mutation par décès, mutation entre-vifs à titre gratuit, à titre onéreux.* — Les dispositions de l'article 7 de la loi du 18 mai 1850 (1), con-

---

(1) Art. 7 de la loi du 18 mai 1850 :

Les mutations par décès et les transmissions entre vifs à titre gratuit d'inscriptions sur le grand livre de la dette publique seront soumises aux droits établis pour les successions ou donations.

Il en sera de même des mutations par décès de fonds publics et d'actions des compa-

cernant les valeurs mobilières étrangères dépendant des successions réglés par la loi francaise, et les transmissions entre vifs à titre de ces mêmes valeurs au profit d'un Français, sont étendues aux créances, parts d'intérêts, obligations des villes, établissements publics, et généralement à toutes les valeurs mobilières étrangères, de quelque nature qu'elles soient. — (L. 23 août 1871, art. 3.)

11. Sont assujettis aux droits de mutation par décès les fonds publics, actions, obligations, parts d'intérêts, créances et généralement toutes les valeurs mobilières étrangères de quelque nature qu'elles soient, dépendant de la succession d'un étranger domicilié en France, avec ou sans autorisation.

Il en sera de même des transactions entre vifs, à titre gratuit ou à titre onéreux, de ces mêmes valeurs, lorsqu'elles s'opéreront en France. — (L. 23 août 1871, art. 4.)

12. *Droit de transmission.* — V. le numéro suivant.

13. *Timbre, titres émis par les villes, provinces, établissements publics étrangers.* — Les titres émis par les villes, provinces et corporations étrangères, quelle que soit leur dénomination, et par tout autre établissement public étranger, seront soumis à des droits équivalents à ceux qui sont établis par la présente loi (1), et par celle du 5 juin 1850 sur le timbre. Ils ne pourront être cotés ou négociés en France qu'en se soumettant à l'acquittement de ces droits.

Un règlement d'administration publique fixera pour ces titres le mode d'établissement et de perception de l'impôt dont l'assiette pourra reposer sur une quotité déterminée du capital. — (L. 30 mars 1872, art. 1, §§ 4 et 5.)

14. *Timbre, titres de rentes et effets publics des gouvernements étrangers, droit, fixation, décimes compris.* — Le droit de timbre établi par les lois des 13 mai 1863 et 8 juin 1864 sur les titres de rentes, emprunts et tous autres effets publics des gouvernements étrangers, est fixé, à l'avenir, ainsi qu'il suit, savoir :

A 0 fr. 75 cent. pour chaque titre de 500 fr. et au-dessous ;

A 1 fr. 50 cent. pour chaque titre de 500 fr. jusqu'à 1,000 fr. ;

A 3 fr. pour chaque titre au-dessus de 1,000 fr. jusqu'à 2,000 fr., et ainsi de suite, à raison de 1 fr. 50 cent. par 1,000 fr. ou fraction de 1,000 fr.

Ce droit n'est pas assujetti aux décimes.

Il est perçu sur la valeur nominale du titre. — (L. 25 mai 1872, art. 1.)

15. *Timbre, effets publics étrangers, émission, négociation, mention, contravention.* — Nul ne peut négocier, exposer en vente ou énoncer dans des actes de prêt, de dépôt, de nantissement ou dans tout autre acte ou écrit, à l'exception des inventaires, des titres étrangers qui n'auraient pas été admis

---

gnies ou sociétés d'industrie et de finances étrangers, dépendant d'une succession régie par la loi française, et des transmissions entre vifs à titre gratuit de ces mêmes valeurs au profit d'un Français.

Le capital servant à la liquidation du droit d'enregistrement sera déterminé par le cours moyen de la Bourse au jour de la transmission.

S'il s'agit de valeurs non cotées à la Bourse, le capital sera déterminé par la déclaration estimative des parties, conformément à l'article 14 de la loi du 22 frimaire an VII, sauf l'application de l'article 39 de la même loi, si l'estimation est reconnue insuffisante.

(1) V. ci-dessus, no 1, l'art. 3 de la loi du 29 juin 1872 qui remplace l'art. 1er, § 1, de la loi du 30 mars 1872.

à la cote ou qui n'auraient pas été dûment timbrés au droit de 1 p. 100 du capital nominal.

Tout acte, soit public, soit sous seing privé, qui énoncera un titre de rente ou effet public d'un gouvernement étranger, ou tout autre titre étranger non coté aux bourses françaises, devra indiquer la date et le numéro du visa pour timbre apposé sur ce titre, ainsi que le montant du droit payé.

Chaque contravention à ces dispositions pourra être constatée, dans tous les lieux ouverts au public, par les agents qui ont qualité pour verbaliser en matière de timbre; elle sera punie d'une amende de 5 p. 100 de la valeur nominale des titres qui seront négociés, exposés en vente, énoncés dans des actes ou dont il aura été fait usage. En aucun cas, l'amende ne pourra être inférieure à 50 fr.

Toutes les parties sont solidaires pour le recouvrement des droits et amendes.

Une amende de 50 fr. sera encourue personnellement par tout officier public ou ministériel qui aura contrevenu aux dispositions qui précèdent. — (L. 30 mars 1872, art. 2).

16. Aucune émission ou souscription de titres de rentes ou effets publics des gouvernements étrangers ne peut être annoncée, publiée ou effectuée en France, sans qu'il ait été fait, dix jours à l'avance, au bureau de l'enregistrement de la résidence, une déclaration dont la date est mentionnée dans l'avis ou annonce.

Les titres ou les certificats provisoires de titres souscrits ou émis en France ne pourront être remis aux souscripteurs ou preneurs sans avoir préalablement acquitté les droits de timbre fixés par l'article précédent.

Si le droit a été payé sur le certificat provisoire, le titre définitif correspondant sera timbré sans frais sur la représentation de ce certificat. — (L. 25 mai 1872, art. 2.)

17. Chaque contravention aux dispositions des paragraphes 1 et 2 de l'article précédent (V. n° 16) pourra être constatée dans les formes et conditions indiquées au 3e paragraphe de l'article 2 de la loi du 30 mars 1872. (V. n° 15.) Elle sera également punie d'une amende de 5 p. 100 de la valeur nominale des titres énoncés ou émis, sans que cette amende puisse être inférieure à 50 fr.

L'amende est due personnellement et sans recours par celui qui a fait des annonces sans déclaration préalable, qui a émis ou qui a servi d'intermédiaire pour l'émission ou la souscription de titres non timbrés. La même amende sera exigible à raison d'émission ou de souscription faites sans déclaration préalable. Le souscripteur ou le preneur de titres non timbrés est tenu solidairement de l'amende, sauf son recours contre celui qui a ouvert la souscription ou émis les titres. — (Même loi, art. 3.)

18. *Revenu, actions, obligations, titres d'emprunt des sociétés, villes, provinces étrangères, taxe annuelle.* — Les actions, obligations, titres d'emprunts, quelle que soit d'ailleurs leur dénomination, des sociétés, compagnies, entreprises, corporations, villes, provinces étrangères, ainsi que tout autre établissement public étranger, sont soumis à une taxe équivalente à celle qui est établie par la présente loi sur le revenu des valeurs françaises.

Les titres étrangers ne pourront être cotés, négociés, exposés en vente ou émis en France qu'en se soumettant à l'acquittement de cette taxe, ainsi que des droits de timbre et de transmission.

Un règlement d'administration publique fixera le mode d'établissement et de perception de ces droits, dont l'assiette pourra reposer sur une quotité déterminée du capital social.

Le même règlement déterminera les époques de payement de la taxe, ainsi que toutes les autres mesures nécessaires pour l'exécution de la présente loi. — (L. 29 juin 1872, art. 4.)

VANILLE.

Droit de douane, importation. — Vanille de toute origine, 4 fr. le kil. — (L. 8 juill. 1871, art. 12.)

VINS.

Droit de circulation, entrées, droit de douane. — V. Boissons.

VOITURES ET CHEVAUX DE LUXE. — V. Chevaux et Voitures.

VOITURES PUBLIQUES.

1. *Prix des places.* — V. Chemins de fer.

2. *Lettres de voitures.* — V. Récépissés de chemins de fer et Lettres de voitures.

LOI

SUR

LE RECRUTEMENT DE L'ARMÉE

VOTÉE PAR L'ASSEMBLÉE NATIONALE LE 27 JUILLET 1872

TITRE PREMIER

DISPOSITIONS GÉNÉRALES

ARTICLE PREMIER. — Tout Français doit le service militaire personnel.

ART. 2. — Il n'y a dans les troupes françaises ni prime en argent, ni prix quelconque d'engagement.

ART. 3. — Tout Français qui n'est pas déclaré impropre à tout service militaire, peut être appelé, depuis l'âge de vingt ans jusqu'à celui de quarante ans, à faire partie de l'armée active et des réserves, selon le mode déterminé par la loi.

ART. 4. — Le remplacement est supprimé.

Les dispenses de service, dans les conditions spécifiées par la loi, ne sont pas accordées à titre de libération définitive.

ART. 5. — Les hommes présents au corps ne prennent part à aucun vote.

ART. 6. — Tout corps organisé en armes est soumis aux lois militaires, fait partie de l'armée et relève, soit du ministre de la guerre, soit du ministre de la marine.

ART. 7. — Nul n'est admis dans les troupes françaises s'il n'est Français.

Sont exclus du service militaire, et ne peuvent à aucun titre servir dans l'armée :

1° Les individus qui ont été condamnés à une peine afflictive ou infamante ;

2° Ceux qui, ayant été condamnés à une peine correctionnelle de deux ans d'emprisonnement et au-dessus, ont en outre été placés par le jugement de condamnation sous la surveillance de la haute police, et interdits en tout ou en partie, des droits civiques, civils ou de famille.

TITRE II

DES APPELS

PREMIÈRE SECTION

Du recensement et du tirage au sort

Art. 8. — Chaque année, les tableaux de recensement des jeunes gens ayant atteint l'âge de vingt ans révolus dans l'année précédente et domiciliés dans le canton, sont dressés par les maires :

1° Sur la déclaration à laquelle sont tenus les jeunes gens, leurs parents ou leurs tuteurs ;

2° D'office, d'après les registres de l'état civil et tous autres documents et renseignements.

Ces tableaux mentionnent dans une colonne d'observations la profession de chacun des jeunes gens inscrits.

Ces tableaux sont publiés et affichés dans chaque commune et dans les formes prescrites par les articles 63 et 64 du Code civil. La dernière publication doit avoir lieu au plus tard le 15 janvier.

Un avis publié dans les mêmes formes indique le lieu et le jour où il sera procédé à l'examen desdits tableaux et à la désignation, par le sort, du numéro assigné à chaque jeune homme inscrit.

Art. 9. — Les individus nés en France de parents étrangers, et les individus nés à l'étranger de parents étrangers naturalisés Français, et mineurs au moment de la naturalisation de leurs parents, concourent, dans les cantons où ils sont domiciliés, au tirage qui suit la déclaration faite par eux en vertu de l'article 9 du Code civil, et de l'article 2 de la loi du 7 février 1851.

Les individus déclarés Français en vertu de l'article 1er de la loi du 7 février 1851, concourent également, dans le canton où ils sont domiciliés, au tirage qui suit l'année de leur majorité, s'ils n'ont pas réclamé leur qualité d'étranger conformément à ladite loi.

Les uns et les autres ne sont assujettis qu'aux obligations de service de la classe à laquelle ils appartiennent par leur âge.

Art. 10. — Sont considérés comme légalement domiciliés dans le canton :

1° Les jeunes gens même émancipés, engagés, établis au dehors, expatriés, absents ou en état d'emprisonnement, si d'ailleurs leur père, mère ou tuteur ont leur domicile dans une des communes du canton, ou si leur père expatrié avait son domicile dans une desdites communes ;

2° Les jeunes gens mariés dont le père, ou la mère à défaut de père, sont domiciliés dans le canton, à moins qu'ils ne justifient de leur domicile réel dans un autre canton ;

3° Les jeunes gens mariés et domiciliés dans le canton, alors même que leur père ou leur mère n'y seraient pas domiciliés ;

4° Les jeunes gens nés et résidant dans le canton qui n'auraient ni leur père, ni leur mère, ni leur tuteur ;

5° Les jeunes gens résidant dans le canton, qui ne seraient dans aucun des cas précédents, et qui ne justifieraient pas de leur inscription dans un autre canton.

Art. 11. — Sont, d'après la notoriété publique, considérés comme ayant l'âge requis pour le tirage, les jeunes gens qui ne peuvent produire, ou n'ont pas produit avant le tirage, un extrait des registres de l'état civil constatant un âge différent, ou qui, à défaut de registres, ne peuvent prouver, ou n'ont pas prouvé leur âge, conformément à l'article 46 du Code civil.

Art. 12. — Si dans les tableaux de recensement, ou dans les tirages des années précédentes, des jeunes gens ont été omis, ils sont inscrits sur les tableaux de recensement de la classe qui est appelée après la découverte de l'omission, à moins qu'ils n'aient trente ans accomplis à l'époque de la clôture des tableaux.

Après cet âge, ils sont soumis aux obligations de la classe à laquelle ils appartiennent.

Art. 13. — Dans les cantons composés de plusieurs communes, l'examen des tableaux de recensement et le tirage au sort ont lieu au chef-lieu de canton, en séance publique, devant le sous-préfet assisté des maires du canton.

Dans les communes qui forment un ou plusieurs cantons, le sous-préfet est assisté du maire et de ses adjoints.

Dans les villes divisées en plusieurs arrondissements, le préfet ou son délégué est assisté d'un officier municipal de l'arrondissement.

Le tableau est lu à haute voix. Les jeunes gens, leurs parents ou ayants cause sont entendus dans leurs observations. Le sous-préfet statue après avoir pris l'avis des maires. Le tableau rectifié, s'il y a lieu, et définitivement arrêté, est revêtu de leurs signatures.

Dans les cantons composés de plusieurs communes, l'ordre dans lequel elles sont appelées pour le tirage est, chaque fois, indiqué par le sort.

Art 14, — Le sous-préfet inscrit, en tête de la liste de tirage, le nom des jeunes gens qui se trouvent dans les cas prévus par l'article 60 de la présente loi.

Les premiers numéros leur sont attribués de droit.

Ces numéros sont, en conséquence, extraits de l'urne avant l'opération du tirage.

Art. 15. — Avant de commencer l'opération du tirage, le sous-préfet compte publiquement les numéros et les dépose dans l'urne, après s'être assuré que leur nombre est égal à celui des jeunes gens appelés à y concourir : il en est fait la déclaration à haute voix.

Aussitôt, chacun des jeunes gens appelés dans l'ordre du tableau prend dans l'urne un numéro qui est immédiatement proclamé et inscrit. Les parents des absents, ou à leur défaut le maire de leur commune, tirent à leur place.

L'opération du tirage achevée est définitive.

Elle ne peut, sous aucun prétexte, être recommencée, et chacun garde le numéro qu'il a tiré ou qu'on a tiré pour lui.

Les jeunes gens qui ne se trouveraient pas pourvus de numéros seront incrits à la suite, avec des numéros supplémentaires, et tireront entre eux pour déterminer l'ordre suivant lequel ils seront inscrits.

La liste par ordre de numéros est dressée à mesure que les numéros sont tirés de l'urne. Il y est fait mention des cas et des motifs d'exemption et des dispenses que les jeunes gens ou leurs parents ou les maires des communes se proposent de faire valoir devant le conseil de révision mentionné en l'article 27.

Le sous-préfet y ajoute ses observations.

La liste du tirage est ensuite lue, arrêtée et signée de la même manière que le tableau de recensement, et annexée avec ledit tableau au procès-verbal des opérations. Elle est publiée et affichée dans chaque commune du canton.

DEUXIÈME SECTION

Des exemptions, — Des dispenses et des sursis d'appel

Art. 16. — Sont exemptés du service militaire, les jeunes gens que leur infirmités rendent impropres à tout service actif ou auxiliaire dans l'armée.

Art. 17. — Sont dispensés du service d'activité en temps de paix :

1° L'aîné d'orphelins de père et de mère;

2° Le fils unique ou l'aîné des fils, ou, à défaut de fils ou de gendre, le petits-fils unique ou l'aîné des petits-fils d'une femme actuellement veuve, ou d'une femme dont le mari a été légalement déclaré absent, ou d'un père aveugle ou entré dans sa soixante-dixième année.

Dans les cas prévus par les deux paragraphes précédents, le frère puîné jouira de la dispense si le frère aîné est aveugle ou atteint de toute autre infirmité incurable qui le rendent impotent;

3° Le plus âgé des deux frères appelés à faire partie du même tirage, si le plus jeune est reconnu propre au service;

4° Celui dont un frère sera dans l'armée active;

5° Celui dont un frère sera mort en activité de service ou aura été réformé ou admis à la retraite pour blessures reçues dans un service commandé ou pour infirmités contractées dans les armées de terre et de mer.

La dispense accordée, conformément aux paragraphes 4 et 5 ci-dessus, ne sera appliquée qu'à un seul frère pour un même cas, mais elle se répétera dans la même famille autant de fois que les mêmes droits s'y reproduiront.

Le jeune homme omis, qui ne s'est pas présenté par lui ou ses ayants cause au tirage de la classe à laquelle il appartient, ne peut réclamer le bénéfice des dispenses indiquées par le présent article, si les causes de ces dispenses ne sont survenues que postérieurement à la clôture des listes.

Ces causes de dispenses doivent, pour produire leur effet, exister au jour où le conseil de révision est appelé à statuer.

Néanmoins, l'appelé ou l'engagé qui, postérieurement, soit à la décision du conseil de révision, soit au 1er juillet, soit à son incorporation, devient l'aîné d'orphelins de père et de mère, le fils unique ou l'aîné des fils, ou à défaut du fils et du gendre, le petit-fils unique ou l'aîné des petits-fils d'une femme veuve, d'une femme dont le mari a été légalement déclaré absent, ou d'un père aveugle, est, sur sa demande et pour le temps qu'il a encore à servir, renvoyé dans ses foyers en disponibilité, à moins qu'en raison de sa présence sous les drapeaux, il n'ait procuré la dispense de service à un frère puîné actuellement vivant.

Le bénéfice de la disposition du paragraphe précédent s'étend aux militaires devenus fils aînés, ou petits-fils aînés de septuagénaire, par suite du décès d'un frère.

Les dispenses énoncées au présent article ne sont applicables qu'aux enfants légitimes.

Art. 18. — Peuvent être ajournés deux années de suite à un nouvel examen, les jeunes gens qui, au moment de la réunion du conseil de révision, n'ont pas la taille d'un mètre cinquante-quatre centimètres ou sont reconnus d'une complexion trop faible pour un service armé.

Les jeunes gens ajournés à un nouvel examen du conseil de révision sont tenus, à moins d'une autorisation spéciale, de se représenter au conseil de révision du canton devant lequel ils ont comparu.

Après l'examen définitif, ils sont classés, et ceux de ces jeunes gens reconnus propres soit au service armé, soit à un service auxiliaire, sont soumis, selon la catégorie dans laquelle ils sont placés, à toutes les obligations de la classe à laquelle ils appartiennent.

Art. 19. — Les élèves de l'Ecole polytechnique et les élèves de l'École forestière sont considérés comme présents sous les drapeaux dans l'armée active pendant tout le temps par eux passé dans lesdites écoles.

Les lois d'organisation prévues par l'article 45 de la présente loi déterminent, pour ceux de ces jeunes gens qui ont satisfait aux examens de sortie et ne sont pas placés dans les armées de terre ou de mer, les emplois auxquels ils peuvent être appelés, soit dans la disponibilité, soit dans la réserve de l'armée active, soit dans l'armée territoriale, ou dans les services auxiliaires.

Les élèves de l'École polytechnique et de l'École forestière qui ne satisfont pas aux examens de sortie de ces écoles suivent les conditions de la classe de recrutement à laquelle ils appartiennent par leur âge; le temps passé par eux à l'Ecole polytechnique ou à l'Ecole forestière est déduit des années de service déterminées par l'article 36 de la présente loi.

Art. 20. — Sont, à titre conditionnel, dispensés du service militaire :

1° Les membres de l'instruction publique, les élèves de l'Ecole normale supérieure de Paris dont l'engagement de se vouer pendant dix ans à la carrière de l'enseignement aura été accepté par le recteur de l'Académie, avant le tirage au sort, et s'ils réalisent cet engagement ;

2° Les professeurs des institutions nationales des sourds-muets et des institutions nationales des jeunes aveugles, aux mêmes conditions que les membres de l'instruction publique ;

3° Les artistes qui ont remporté les grands prix de l'Institut, à condition qu'ils passeront à l'Ecole de Rome les années réglementaires et rempliront toutes leurs obligations envers l'Etat ;

4° Les élèves pensionnaires de l'Ecole des langues orientales vivantes et les élèves de l'École des chartes, nommés après examen, à condition de passer dix ans tant dans lesdites écoles que dans un service public ;

5° Les membres et novices des associations religieuses vouées à l'enseignement et reconnues comme établissements d'utilité publique, et les directeurs, maîtres-adjoints, élèves-maîtres des écoles fondées ou entretenues par les associations laïques, lorsqu'elles remplissent les mêmes conditions : pourvu toutefois que les uns et les autres, avant le tirage au sort, aient pris devant le recteur de l'Académie l'engagement de se consacrer pendant dix ans à l'enseignement, et, s'ils réalisent cet engagement, dans un des établissements de l'association religieuse ou laïque, à condition que cet établissement existe depuis deux ans, et renferme trente élèves au moins :

6° Les jeunes gens qui, sans être compris dans les paragraphes précédents, se trouvent dans les cas prévus par l'article 79 de la loi du 15 mars 1850, et par l'article 18 de la loi du 10 avril 1867, et ont, avant l'époque fixée pour le tirage, contracté devant le recteur le même engagement et aux mêmes conditions.

L'engagement de se vouer pendant dix ans à l'enseignement peut être réalisé par les instituteurs et par les instituteurs-adjoints mentionnés au présent paragraphe 6, tant dans les écoles publiques que dans les écoles libres désignées à cet effet par le ministre de l'instruction publique, après avis du conseil départemental ;

7° Les élèves ecclésiastiques désignés à cet effet par les archevêques et par les évêques, et les jeunes gens autorisés à continuer leurs études pour se vouer au ministère dans les cultes salariés par l'Etat, sous la condition qu'ils seront assujettis au service militaire, s'ils cessent les études en vue desquelles ils auront été dispensés, ou si, à vingt-six ans, les premiers ne sont pas entrés dans les ordres majeurs, et les seconds n'ont pas reçu la consécration.

Art. 21. — Les jeunes gens liés au service dans les armées de terre ou de mer, en vertu d'un brevet ou d'une commission, et qui cessent leur service;

Les jeunes marins portés sur les registres matricules de l'inscription maritime, conformément aux règles prescrites par les articles 1, 2, 3, 4 et 5 de la loi du 25 octobre 1795 (3 brumaire an IV), qui se font rayer de l'inscription maritime;

Les jeunes gens désignés à l'article 20 ci-dessus, qui cessent d'être dans une des positions indiquées audit article avant d'avoir accompli les conditions qu'il leur impose, sont tenus :

1° D'en faire la déclaration au maire de la commune dans les deux mois, et de retirer expédition de leur déclaration;

2° D'accomplir dans l'armée active le service prescrit par la présente loi, et de faire ensuite partie des réserves selon la classe à laquelle ils appartiennent.

Faute par eux de faire la déclaration ci-dessus et de la soumettre au visa du préfet du département, dans le délai d'un mois, ils sont passibles des peines portées par l'article 60 de la présente loi.

Ils sont rétablis dans la première classe appelée après la cessation de leurs service, fonctions ou études; mais le temps écoulé depuis la cessation de leurs service, fonctions ou études, jusqu'au moment de la déclaration, ne compte pas dans les années de service exigées par la présente loi.

Toutefois, est déduit du nombre d'années pendant lesquelles tout Français fait partie de l'armée active, le temps déjà passé au service de l'Etat par les marins inscrits et par les jeunes gens liés au service dans les armées de terre et de mer, en vertu d'un brevet ou d'une commission.

Art. 22. — Peuvent être dispensés à titre provisoire, comme soutiens indispensables de famille, et s'ils en remplissent effectivement les devoirs, les jeunes gens désignés par les conseils municipaux de la commune où ils sont domiciliés.

La liste est présentée au conseil de révision par le maire.

Ces dispenses peuvent être accordées par département jusqu'à concurrence de 4 p. 100 du nombre des jeunes gens reconnus propres au service et compris dans la première partie des listes du recrutement cantonnal.

Tous les ans, le maire de chaque commune fait connaître au conseil de révision la situation des jeunes gens qui ont obtenu les dispenses à titre de soutiens de famille pendant les années précédentes.

Art. 23. — En temps de paix, il peut être accordé des sursis d'appel aux jeunes gens qui, avant le tirage au sort, en auront fait la demande. A cet effet, ils doivent établir que, soit pour leur apprentissage, soit pour les besoins de l'exploitation agricole, industrielle ou commerciale, à laquelle ils se livrent pour leur compte ou pour celui de leurs parents, il est indispensable qu'ils ne soient pas enlevés immédiatement à leurs travaux. Ce sursis d'appel ne confère ni exemption ni dispense;

Il n'est accordé que pour un an, et peut être néanmoins renouvelé pour une seconde année.

Le jeune homme qui a obtenu un sursis d'appel conserve le numéro qui lui est échu lors du tirage au sort, et, à l'expiration de son sursis, il est tenu de satisfaire à toutes les obligations que lui imposait la loi en raison de son numéro.

Art. 24. — Les demandes de sursis, adressées au maire, sont instruites par lui; le conseil municipal donne son avis. Elles sont remises au conseil de révision et envoyées par duplicata au sous-préfet, qui les transmet au préfet, avec ses observations, et y joint tous les documents nécessaires.

Il peut être accordé, pour tout le département et par chaque classe, des sursis d'appel jusqu'à concurrence de 4 p. 100 du nombre des jeunes gens reconnus propres au service militaire dans ladite classe et compris dans la première partie des listes du recrutement cantonal.

Art. 25. — Les jeunes gens dispensés du service d'activité en temps de paix, aux termes de l'article 17 de la présente loi, les jeunes gens dispensés à titre de soutiens de famille, ainsi que les jeunes gens auxquels il est accordé des sursis d'appel, sont astreints, par un règlement du ministre de la guerre, à certains exercices.

Quand les causes de dispenses viennent à cesser, ils sont soumis à toutes les obligations de la classe à laquelle ils appartiennent.

Art. 26. — Les jeunes gens dispensés du service de l'armée active, aux termes de l'article 17 ci-dessus, les jeunes gens dispensés à titre de soutiens de famille, ainsi que ceux qui ont obtenu des sursis d'appel, sont appelés, en cas de guerre, comme les hommes de leur classe.

L'autorité militaire en dispose alors selon les besoins des différents services.

TROISIÈME SECTION

Des conseils de révision et des listes du recrutement cantonal

Art. 27. — Les opérations du recrutement sont revues, les réclamations auxquelles ces opérations peuvent donner lieu sont entendues, les causes d'exemption et de dispenses prévues par les articles 16, 17 et 20 de la présente loi, sont jugées en séance publique par un conseil de révision composé :

Du préfet, président, ou, à son défaut, du secrétaire général ou du conseiller de préfecture délégué par le préfet ;

D'un conseiller de préfecture désigné par le préfet ;

D'un membre du conseil général du département autre que le représentant élu dans le canton où la révision a lieu ;

D'un membre du conseil d'arrondissement également autre que le représentant élu dans le canton où la révision a lieu ;

Tous deux désignés par la commission permanente du conseil général, conformément à l'article 82 de la loi du 10 août 1871 :

D'un officier général ou supérieur désigné par l'autorité militaire.

Un membre de l'intendance, le commandant du recrutement, un médecin militaire, ou, à défaut, un médecin civil désigné par l'autorité militaire, assistent aux opérations du conseil de révision. Le membre de l'intendance est entendu dans l'intérêt de la loi toutes les fois qu'il le demande, et peut faire consigner ses observations au registre des délibérations.

Le conseil de révision se transporte dans les divers cantons. Toutefois, suivant les localités, le préfet peut exceptionnellement réunir, dans le même lieu, plusieurs cantons pour les opérations du conseil.

Le sous-préfet, ou le fonctionnaire par lequel il aura été suppléé pour les opérations du tirage, assiste aux séances que le conseil de révision tient dans son arrondissement.

Il a voix consultative.

Les maires des communes auxquelles appartiennent les jeunes gens appelés devant le conseil de révision assistent aux séances et peuvent être entendus.

Si par suite d'une absence le conseil de révision ne se compose que de quatre membres, il peut délibérer, mais la voix du président n'est pas prépondérante. — La décision ne peut être prise qu'à la majorité de trois voix. En cas de partage, elle est ajournée.

Art. 28. — Les jeunes gens portés sur les tableaux de recensement, ainsi que ceux des classes précédentes qui ont été ajournés conformément à l'article 18 ci-dessus, sont convoqués, examinés et entendus par le conseil de révision. Ils peuvent alors faire connaître l'arme dans laquelle ils désirent être placés.

S'ils ne se rendent pas à la convocation, ou s'ils ne se font pas représenter, ou s'ils n'obtiennent pas un délai, il est procédé comme s'ils étaient présents.

Dans le cas d'exemptions pour infirmités, le conseil ne prononce qu'après avoir entendu le médecin qui assiste au conseil.

Les cas de dispenses sont jugés sur la production de documents authentiques et sur les certificats signés de trois pères de famille domiciliés dans le même canton, dont les fils sont soumis à l'appel ou ont été appelés. Ces certificats doivent, en outre, être signés et approuvés par le maire de la commune du réclamant.

La substitution de numéros peut avoir lieu entre frères, si celui qui se présente comme substituant est reconnu propre au service par le conseil de révision.

Art. 29. — Lorsque les jeunes gens portés sur les tableaux de recensement ont fait des réclamations dont l'admission ou le rejet dépend de la décision à intervenir sur des questions judiciaires relatives à leur état ou à leurs droits civils, le conseil de révision ajourne sa décision, ou ne prend qu'une décision conditionnelle.

Les questions sont jugées contradictoirement avec le préfet, à la requête de la partie la plus diligente. Les tribunaux statuent sans délai, le ministère public entendu.

Art. 30. — Hors les cas prévus par l'article précédent, les décisions du conseil de révision sont définitives. Elles peuvent néanmoins être attaquées devant le Conseil d'Etat pour incompétence et excès de pouvoirs.

Elles peuvent aussi être attaquées pour violation de la loi, mais par le ministre de la guerre seulement, et dans l'intérêt de la loi. Toutefois, l'annulation profite aux parties lésées.

Art. 31.—Après que le conseil de révision a statué sur les cas d'exemptions et sur ceux de dispenses, ainsi que sur toutes les réclamations auxquelles les opérations peuvent donner lieu, la liste du recrutement cantonal est définitivement arrêtée et signée par le conseil de révision.

Cette liste, divisée en cinq parties, comprend :

1° Par ordre de numéros de tirage, tous les jeunes gens déclarés propres au service militaire, et qui ne doivent pas être classés dans les catégories suivantes :

2° Tous les jeunes gens dispensés en exécution de l'article 17 de la présente loi ;

3° Tous les jeunes gens conditionnellement dispensés en vertu de l'article 20, ainsi que les jeunes gens liés au service en vertu d'un engagement volontaire, d'un brevet ou d'une commission, et les jeunes marins inscrits ;

4° Les jeunes gens qui, pour défaut de taille ou pour toute autre cause, ont été dispensés du service dans l'armée active, mais ont été reconnus aptes à faire partie d'un des services auxiliaires de l'armée ;

5° Enfin les jeunes gens qui ont été ajournés à un nouvel examen du conseil de révision.

Art. 32. — Quand les listes de recrutement de tous les cantons du département ont été arrêtées conformément aux prescriptions de l'article précédent, le conseil de révision, auquel sont adjoints deux autres membres du conseil général également désignés par la commission permanente, et réuni au chef-lieu du département, prononce sur les demandes de dispenses pour soutiens de familles, sur les demandes de sursis d'appel.

QUATRIÈME SECTION

Du registre matricule

Art. 33. — Il est tenu par département, ou par circonscriptions déterminées dans chaque département, en vertu d'un règlement d'administration publique, un registre matricule, dressé au moyen des listes mentionnées en l'article 31 ci-dessus, et sur lequel sont portés tous les jeunes gens qui n'ont pas été déclarés impropres à tout service militaire et qui n'ont pas été ajournés à un nouvel examen du conseil de révision.

Ce registre mentionne l'incorporation de chaque homme inscrit, ou la position dans laquelle il est laissé, et successivement tous les changements qui peuvent survenir dans sa situation jusqu'à ce qu'il passe dans l'armée territoriale.

Art. 34. — Tout homme inscrit sur le registre matricule, qui change de domicile, est tenu d'en faire la déclaration à la mairie de la commune qu'il quitte et à la mairie du lieu où il vient s'établir.

Le maire de chacune des communes transmet, dans les huit jours, copie de ladite déclaration au bureau du registre matricule de la circonscription dans laquelle se trouve la commune.

Art. 35. — Tout homme inscrit sur le registre matricule, qui entend se fixer en pays étranger, est tenu, dans sa déclaration à la mairie de la commune où il réside, de faire connaître le lieu où il va établir son domicile, et, dès qu'il y est arrivé, d'en prévenir l'agent consulaire de France. Le maire de la commune transmet, dans les huit jours, copie de ladite déclaration au bureau du registre matricule de la circonscription dans laquelle se trouve sa commune.

L'agent consulaire, dans les huit jours de la déclaration, en envoie copie au ministre de la guerre.

TITRE III

DU SERVICE MILITAIRE

Art. 36. — Tout Français qui n'est pas déclaré impropre à tout service militaire fait partie :

De l'armée active pendant cinq ans ;

De la réserve de l'armée active pendant quatre ans ;

De l'armée territoriale pendant cinq ans ;

De la réserve de l'armée territoriale pendant six ans.

1° L'armée active est composée, indépendamment des hommes qui ne se recrutent pas par les appels, de tous les jeunes gens déclarés propres à un des services de l'armée et compris dans les cinq dernières classes appelées ;

2° La réserve de l'armée active est composée de tous les hommes également déclarés propres à un des services de l'armée et compris dans les quatre dernières classes appelées immédiatement avant celles qui forment l'armée active ;

3° L'armée territoriale est composée de tous les hommes qui ont accompli le temps de service prescrit pour l'armée active et la réserve ;

4° La réserve de l'armée territoriale est composée des hommes qui ont accompli le temps de service pour cette armée.

L'armée territoriale et la deuxième réserve sont formées par régions déterminées par un règlement d'administration publique ; elles comprennent pour chaque région les hommes ci-dessus désignés aux paragraphes 3 et 4, et qui sont domiciliés dans la région.

Art. 37. — L'armée de mer est composée, indépendamment des hommes fournis par l'inscription maritime :

1° Des hommes qui auront été admis à s'engager volontairement ou à se rengager dans les conditions déterminées par un règlement d'administration publique ;

2° Des jeunes gens qui, au moment des opérations du conseil de révision, auront demandé à entrer dans un des corps de la marine, et auront été reconnus propres à ce service ;

3° Enfin, et à défaut d'un nombre suffisant d'hommes compris dans les deux catégories précédentes, du contingent du recrutement affecté par décision du ministre de la guerre à l'armée de mer.

Ce contingent fourni par chaque canton, dans la proportion, fixée par ladite décision, est composé des jeunes gens compris dans la première partie de la liste du recrutement cantonal, et auxquels seront échus les premiers numéros sortis au tirage au sort.

Un règlement d'administration publique déterminera les conditions dans lesquelles pourront avoir lieu les permutations entre les jeunes gens affectés à l'armée de mer et ceux de la même classe affectés à l'armée de terre.

Pour les hommes qui ne proviennent pas de l'inscription maritime, le temps de service actif dans l'armée de mer est de cinq ans, — et de deux ans dans la réserve.

Ces hommes passent ensuite dans l'armée territoriale.

Art. 38. — La durée du service compte du 1er juillet de l'année du tirage au sort.

Chaque année, au 30 juin, en temps de paix, les militaires qui ont achevé le temps de service prescrit dans l'armée active, ceux qui ont accompli le temps de service prescrit dans la réserve de l'armée active, ceux qui ont terminé le temps de service prescrit pour l'armée territoriale, enfin ceux qui ont terminé le temps de service pour la réserve de cette armée, reçoivent un certificat constatant :

Pour les premiers, leur envoi dans la première réserve ;

Pour les seconds, leur envoi dans l'armée territoriale ;

Pour les troisièmes, leur envoi dans la deuxième réserve ;

Et, à l'expiration du temps de service dans cette réserve, les hommes reçoivent un congé définitif.

En temps de guerre, ils reçoivent ces certificats immédiatement après l'arrivée au corps des hommes de la classe destinée à remplacer celle à laquelle ils appartiennent.

Cette dernière disposition est applicable, en tout temps, aux hommes appartenant aux équipages de la flotte en cours de campagne.

Art. 39. — Tous les jeunes gens de la classe appelée, qui ne sont pas exemptés pour cause d'infirmités, ou ne sont pas dispensés en application des dispositions de la présente loi, ou n'ont pas obtenu de sursis d'appel, ou ne sont pas affectés à l'armée de mer, font partie de l'armée active et sont mis à la disposition du ministre de la guerre.

Ces jeunes soldats sont tous immatriculés dans divers corps de l'armée et envoyés, soit dans lesdits corps, soit dans les bataillons et écoles d'instruction.

Art. 40. — Après une année de service des jeunes soldats dans les conditions indiquées en l'article précédent, ne sont plus maintenus sous les drapeaux que les hommes dont le chiffre est fixé chaque année par le ministre de la guerre.

Ils sont pris par ordre de numéros sur la première partie de la liste du recrutement de chaque canton et dans la proportion déterminée par la décision du ministre; cette décision est rendue aussitôt après que toutes les opérations du recrutement sont terminées.

Art. 41. — Nonobstant les dispositions de l'article précédent, le militaire compris dans la catégorie de ceux ne devant pas rester sous les drapeaux, mais qui, après l'année de service mentionnée audit article, ne sait pas lire et écrire, et ne satisfait pas aux examens déterminés par le ministre de la guerre, peut être maintenu au corps pendant une seconde année.

Le militaire placé dans la même catégorie qui, par l'instruction acquise antérieurement à son entrée au service et par celle reçue sous les drapeaux, remplit toutes les conditions exigées, peut, après six mois, à des époques fixées par le ministre de la guerre, et avant l'expiration de l'année, être envoyé en disponibilité dans ses foyers, conformément à l'article suivant.

Art. 42. — Les jeunes gens qui, après le temps de service prescrit par les articles 40 et 41, ne sont pas maintenus sous les drapeaux, restent en disponibilité de l'armée active dans leurs foyers, et à la disposition du ministre de la guerre.

Ils sont, par un règlement du ministre, soumis à des revues et à des exercices.

Art. 43. Les hommes envoyés dans la réserve de l'armée active restent immatriculés d'après le mode prescrit par la loi d'organisation.

Le rappel de la réserve de l'armée active peut être fait d'une manière distincte et indépendante pour l'armée terre et pour l'armée de mer; il peut également être fait par classe, en commençant par la moins ancienne.

Les hommes de la réserve de l'armée active sont assujettis, pendant le temps de service de ladite réserve, à prendre part à deux manœuvres.

La durée de chacune de ces manœuvres ne peut dépasser quatre semaines.

Art. 44. — Les hommes en disponibilité de l'armée active, et les hommes de la réserve, peuvent se marier sans autorisation.

Les hommes mariés restent soumis aux obligations de service imposées aux classes auxquelles ils appartiennent.

Toutefois, les hommes en disponibilité ou en réserve qui sont pères de quatre enfants vivants passent de droit dans l'armée territoriale.

Art. 45. — Des lois spéciales détermineront les bases de l'organisation de l'armée active et de l'armée territoriale, ainsi que des réserves.

TITRE IV

DES ENGAGEMENTS. — DES RENGAGEMENTS EN DES ENGAGEMENTS CONDITIONNELS D'UN AN

PREMIÈRE SECTION

Des engagements

Art. 46. — Tout Français peut être autorisé à contracter un engagement volontaire, aux conditions suivantes :

L'engagé volontaire doit :

1° S'il entre dans l'armée de mer, avoir seize ans accomplis, sans être tenu d'avoir la taille prescrite par la loi, mais sous la condition qu'à l'âge de dix-huit ans il ne pourra être reçu s'il n'a pas cette taille;

2° S'il entre dans l'armée de terre, avoir dix-huit ans accomplis et au moins la taille de 1 mètre 54 centimètres;

3° Savoir lire et écrire;

4° Jouir de ses droits civils:

5° N'être ni marié ni veuf avec enfants;

6° Etre porteur d'un certificat de bonne vie et mœurs, délivré par le maire de la commune de son dernier domicile; et, s'il ne compte pas au moins une année de séjour dans cette commune, il doit également produire un autre certificat du maire des communes où il a été domicilié dans le cours de cette année.

Le certificat doit contenir le signalement du jeune homme qui veut s'engager, mentionner la durée du temps pendant lequel il a été domicilié dans la commune et attester:

Qu'il jouit de ses droits civils;

Qu'il n'a jamais été condamné à une peine correctionnelle pour vol, escroquerie, abus de confiance ou attentat aux mœurs.

Si l'engagé a moins de vingt ans, il doit justifier du consentement de ses père, mère ou tuteur.

Ce dernier doit être autorisé par une délibération du conseil de famille.

Les conditions relatives, soit à l'aptitude militaire, soit à l'admissibilité dans les différents corps de l'armée, sont déterminées par un décret inséré au *Bulletin des Lois*.

Art. 47. — La durée de l'engagement volontaire est de cinq ans.

Les années de l'engagement volontaire comptent dans la durée du service militaire fixée par l'article 36 ci-dessus.

En cas de guerre, tout Français qui a accompli le temps de service prescrit pour l'armée active et la réserve de ladite armée, est admis à contracter dans l'armée active un engagement pour la durée de la guerre.

Cet engagement ne donne pas lieu aux dispenses prévues par le paragraphe 4 de l'article 17 de la présente loi.

Art. 48. — Les hommes qui, après avoir satisfait aux conditions des articles 40 et 41 de la présente loi, vont être renvoyés en disponibilité, peuvent être admis à rester dans ladite armée de manière à compléter cinq années de service.

Les hommes renvoyés en disponibilité peuvent être autorisés à compléter cinq années de service sous les drapeaux.

Art. 49. — Les engagés volontaires, les hommes admis à rester dans l'armée active, ainsi que ceux qui, en disponibilité, ont été autorisés à compléter cinq années de service dans ladite armée, ne peuvent être envoyés en congé sans leur consentement.

Art. 50. — Les engagements volontaires sont contractés dans les formes prescrites par les articles 34, 35, 36, 37, 38, 39, 40, 42 et 44 du Code civil, devant les maires des chefs-lieux de canton.

Les conditions relatives à la durée des engagements sont insérées dans l'acte même.

Les autres conditions sont lues aux contractants avant la signature, et mention en est faite à la fin de l'acte, le tout sous peine de nullité.

DEUXIÈME SECTION

Des rengagements

Art. 51. — Des rengagements peuvent être reçus pour deux ans au moins et cinq ans au plus.

Ces rengagements ne peuvent être reçus que pendant le cours de la dernière année de service sous les drapeaux.

Ils sont renouvelables jusqu'à l'âge de vingt-neuf ans accomplis pour les caporaux et soldats, et jusqu'à l'âge de trente-cinq ans accomplis pour les sous-officiers.

Les autres conditions sont déterminées par un règlement inséré au *Bulletin des Lois.*

Les rengagements, après cinq ans de service sous les drapeaux, donnent droit à une haute paye.

Art. 52. — Les engagements prévus à l'article 48 de la présente loi et les rengagements sont contractés devant les intendants ou sous-intendants militaires, dans la forme prescrite dans l'article 50 ci-dessus, sur la preuve que le contractant peut rester ou être admis dans le corps pour lequel il se présente.

TROISIÈME SECTION

Des engagements conditionnels d'un an

Art. 53. — Les jeunes gens qui ont obtenu des diplômes de bacheliers ès-lettres, de bacheliers ès-sciences, des diplômes de fin d'études, ou des brevets de capacités institués par les articles 4 et 6 de la loi du 21 juin 1865 : ceux qui font partie de l'Ecole centrale des arts et manufactures, des Ecoles nationales des arts et métiers, des Ecoles nationales des beaux arts, du Conservatoire de musique ; les élèves des Ecoles nationales vétérinaires et des Ecoles nationales d'agriculture ; les élèves externes de l'Ecole des mines, de l'Ecole des ponts-et-chaussées, de l'Ecole du génie maritime, et les élèves de l'Ecole des mineurs de Saint-Etienne, sont admis, avant le tirage au sort, lorsqu'ils présentent les certificats d'études émanés des autorités désignées par un règlement inséré au *Bulletin des Lois*, à contracter dans l'armée de terre des engagements conditionnels d'un an, selon le mode déterminé par ledit règlement.

Art. 54. — Indépendamment des jeunes gens indiqués en l'article précédent, sont admis, avant le tirage au sort, à contracter un semblable engagement, ceux qui satisfont à un des examens exigés par les différents programmes, préparés par le ministre de la guerre et approuvés par décrets rendus dans la forme des règlements d'administration publique.

Ces décrets sont insérés au *Bulletin des Lois.*

Le ministre de la guerre fixe chaque année le nombre des engagements conditionnels d'un an spécifiés au présent article. Ce nombre est réparti par régions déterminées, conformément à l'article 36 ci-dessus, et proportionnellement au nombre des jeunes gens inscrits sur les tableaux de recensement de l'année précédente.

Si, au moment où les jeunes gens mentionnés au présent article et à l'article précédent se présentent pour contracter un engagement d'un an, ils ne sont pas reconnus propres au service, ils sont ajournés, et ne peuvent être incorporés que lorsqu'ils remplissent toutes les conditions voulues.

Art. 55. — L'engagé volontaire d'un an est habillé, monté, équipé et entretenu à ses frais.

Toutefois, le ministre de la guerre peut exempter de tout ou partie des obligations déterminées au paragraphe précédent, les jeunes gens qui ont donné dans leur examen des preuves de capacité et justifient, dans les formes prescrites par les règlements, être dans l'impossibilité de subvenir aux frais résultant de ces obligations.

Art. 56. — L'engagé volontaire d'un an est incorporé et soumis à toutes les obligations de service imposées aux hommes présents sous les drapeaux.

Il est astreint aux examens prescrits par le ministre de la guerre.

Si, après un an de service, l'engagé volontaire d'un an ne satisfait pas à ces examens, il est obligé de rester une seconde année au service, aux conditions déterminées dans le règlement prévu par l'article 53.

Si, après cette seconde année, l'engagé volontaire ne satisfait pas à cet examen, il est, par décision du ministre de la guerre, déclaré déchu des avantages réservés aux volontaires d'un an, et il reste soumis aux mêmes obligations que celles imposées aux hommes de la première partie de la classe à laquelle il appartient par son engagement.

Il en est de même pour le volontaire qui, pendant la première ou la seconde année, a commis des fautes graves et répétées contre la discipline.

Dans tous les cas, le temps passé dans le volontariat compte en déduction de la durée du service prescrit par l'article 36 de la présente loi.

En temps de guerre, l'engagé volontaire d'un an est maintenu au service.

En cas de mobilisation, l'engagé volontaire d'un an marche avec la première partie de la classe à laquelle il appartient par son engagement.

Art. 57. — Dans l'année qui précède l'appel de leur classe, les jeunes gens mentionnés dans l'article 53 qui n'auraient pas terminé les études de la Faculté ou des écoles auxquelles ils appartiennent, mais qui voudraient les achever dans un laps de temps déterminé peuvent, tout en contractant l'engagement d'un an, obtenir de l'autorité militaire un sursis avant de se rendre au corps pour lequel ils se sont engagés. Le sursis peut leur être accordé jusqu'à l'âge de vingt-quatre ans accomplis.

Art. 58. — Après que les engagés volontaires d'un an ont satisfait à tous les examens exigés par l'article 56, ils peuvent obtenir des brevets de sous-officier ou des commissions au moins équivalentes.

Les lois spéciales prévues par l'article 45 déterminent l'emploi de ces jeunes gens, soit dans l'armée active, soit dans la disponibilité, soit dans la réserve de l'armée active, soit dans l'armée territoriale, ou dans les différents services auxquels leurs études les ont plus spécialement destinés.

TITRE V

DISPOSITIONS PÉNALES

Art. 59. — Tout homme inscrit sur le registre matricule, qui n'a pas fait les déclarations de changement de domicile prescrites par les articles 34 et 35 de la présente loi, est déféré aux tribunaux ordinaires, et puni d'une amende de 10 francs à 200 francs; il peut, en outre, être condamné à un emprisonnement de quinze jours à trois mois.

En temps de guerre, la peine est double.

Art. 60. — Toutes fraudes ou manœuvres par suite desquelles un jeune homme a été omis sur les tableaux de recensement ou sur les listes du tirage, sont déférées aux tribunaux ordinaires et punies d'un emprisonnement d'un mois à un an.

Sont déférés aux mêmes tribunaux et punis de la même peine :

1° Les jeunes gens appelés qui, par suite d'un concert frauduleux, se sont abstenus de comparaître devant le conseil de révision;

2° Les jeunes gens qui, à l'aide de fraudes ou manœuvres, se sont fait exempter ou dispenser par un conseil de révision, sans préjudice des peines plus graves en cas de faux.

Les auteurs ou complices sont punis des mêmes peines.

Si le jeune homme omis a été condamné comme auteur ou complice de fraudes ou manœuvres, les dispositions de l'article 14 lui sont appliquées lors du premier tirage qui a lieu après l'expiration de sa peine.

Le jeune homme indûment exempté ou indûment dispensé, est rétabli en tête de la première partie de la classe appelée, après qu'il a été reconnu que l'exemption ou la dispense avait été indûment accordée.

ART. 61. — Tout homme inscrit sur le registre matricule au domicile duquel un ordre de route a été régulièrement notifié, et qui n'est pas arrivé à sa destination au jour fixé par cet ordre, est, après un mois de délai, et hors le cas de force majeure, puni, comme insoumis, d'un emprisonnement d'un mois à un an en temps de paix, et de deux ans à cinq ans en temps de guerre.

Dans ce dernier cas, à l'expiration de sa peine, il est envoyé dans une compagnie de discipline.

En temps de guerre, les noms des insoumis sont affichés dans toutes les communes du canton de leur domicile; ils restent affichés pendant toute la durée de la guerre.

Ces dispositions sont applicables à tout engagé volontaire qui, sans motifs légitimes, n'est pas arrivé à sa destination dans le délai fixé par sa feuille de route.

En cas d'absence du domicile, et lorsque le lieu de la résidence est inconnu, l'ordre de route est notifié au maire de la commune dans laquelle l'appelé a concouru au tirage.

A l'égard des appelés, le délai d'un mois sera porté :

1° A deux mois, s'ils demeurent en Algérie, dans les îles voisines des contrées limitrophes de la France ou en Europe :

2° A six mois, s'ils demeurent dans tout autre pays.

L'insoumis est jugé par le conseil de guerre de la division militaire dans laquelle il est arrêté.

Le temps pendant lequel l'engagé volontaire ou l'homme inscrit sur le registre matricule aura été insoumis ne compte pas dans les années de service exigées.

ART. 62. — Quiconque est reconnu coupable d'avoir recélé ou d'avoir pris à son service un insoumis, est puni d'un emprisonnement qui ne peut excéder six mois. Selon les circonstances, la peine peut être réduite à une amende de vingt à deux cents francs.

Quiconque est convaincu d'avoir favorisé l'évasion d'un insoumis, est puni d'un emprisonnement d'un mois à un an.

La même peine est prononcée contre ceux qui, par des manœuvres coupables, ont empêché ou retardé le départ des jeunes soldats.

Si le délit a été commis à l'aide d'un attroupement, la peine sera double.

Si le délinquant est fonctionnaire public, employé du Gouvernement ou ministre d'un culte salarié par l'Etat, la peine peut être portée jusqu'à deux années d'emprisonnement, et il est en outre condamné à une amende qui ne pourra excéder deux mille francs.

ART. 63. — Tout homme qui est prévenu de s'être rendu impropre au service militaire, soit temporairement, soit d'une manière permanente, dans le but de se soustraire aux obligations imposées par la présente loi, est déféré aux tribunaux, soit sur la demande des conseils de révision, soit d'office, et, s'il est reconnu coupable, il est puni d'un emprisonnement d'un mois à un an.

Sont également déférés aux tribunaux et punis de la même peine, les jeunes gens qui, dans l'intervalle de la clôture de la liste cantonale à leur mise en activité, se sont rendus coupables du même délit.

A l'expiration de leur peine, les uns et les autres sont mis à la disposition du ministre de la guerre, pour tout le temps du service militaire qu'ils doivent à l'Etat, et peuvent être envoyés dans une compagnie de discipline.

La peine portée au présent article est prononcée contre les complices.

Si les complices sont des médecins, chirurgiens, officiers de santé ou pharmaciens, la durée de l'emprisonnement est de deux mois à deux ans, indépendamment d'une amende de deux cents francs à mille francs qui peut aussi être prononcée, et sans préjudice de peines plus graves dans les cas prévus par le code pénal.

Art. 64. — Ne compte pas pour les années de service exigées par la présente loi, le temps pendant lequel un militaire a subi la peine de l'emprisonnement en vertu d'un jugement.

Art. 65. — Tout fonctionnaire ou officier public, civil ou militaire, qui, sous quelque prétexte que ce soit, a autorisé ou admis des exemptions, dispenses ou exclusions autres que celles déterminées par la présente loi, ou qui aura donné arbitrairement une extension quelconque, soit à la durée, soit aux règles et conditions des appels, des engagements ou des rengagements, sera coupable d'abus d'autorité, et puni des peines portées dans l'article 185 du code pénal, sans préjudice des peines plus graves prononcées par ce code dans les autres cas qu'il a prévus.

Art. 66. — Les médecins, chirurgens ou officiers de santé qui, appelés au conseil de révision à l'effet de donner leur avis, conformément aux articles 16, 18, 28, ont reçu des dons ou agréé des promesses pour être favorables aux jeunes gens qu'ils doivent examiner, sont punis d'un emprisonnement de deux mois à deux ans.

Cette peine leur est appliquée, soit qu'au moment des dons ou promesses ils aient déjà été désignés pour assister au conseil, soit que les dons ou promesses aient été agréés dans la prévoyance des fonctions qu'ils auraient à y remplir.

Il leur est défendu, sous la même peine, de rien recevoir, même pour une exemption ou réforme justement prononcée.

Art. 67. — Les peines prononcées par les articles 60, 62 et 63 sont applicables aux tentatives des délits prévus par ces articles.

Dans le cas prévu par l'article 66, ceux qui ont fait des dons et promesses sont punis des peines portées par ledit article contre les médecins, chirurgiens ou officiers de santé.

Art. 68.— Dans tous les cas non prévus par les dispositions précédentes, les tribunaux civils ou militaires, dans les limites de leur compétence, appliqueront les lois pénales ordinaires aux délits auxquels pourra donner lieu l'exécution du mode de recrutement déterminé par la présente loi.

Dans tous les cas où la peine d'emprisonnement est prononcée par la présente loi, les juges peuvent, suivant les circonstances, user de la faculté exprimée par l'article 463 du code pénal.

DISPOSITIONS PARTICULIÈRES

Art. 69. — Les jeunes gens appelés à faire partie de l'armée, en exécution de la présente loi, outre l'instruction nécessaire à leur service, reçoivent dans leurs corps, et suivant leurs grades, l'instruction prescrite par un règlement du ministre de la guerre.

Art. 70. — Les ministres de la guerre et de la marine assureront, par des règlements, aux militaires de toutes armes, le temps et la liberté nécessaires à l'accomplissement de leurs devoirs religieux les dimanches et autres jours de fête consacrés par leurs cultes respectifs. Ces règlements seront insérés au *Bulletin des Lois*.

Art. 71. — Tout homme ayant passé sous les drapeaux douze ans, dont quatre au moins avec le grade de sous-officier, reçoit des chefs de corps un certificat en vertu duquel il obtient, au fur et à mesure des vacances, un emploi civil ou militaire en rapport avec ses aptitudes ou son instruction.

Une loi spéciale désignera dans chaque service public la catégorie des emplois qui seront réservés en totalité, ou dans une proportion déterminée, aux candidats munis du certificat ci-dessus.

Art. 72. — Nul n'est admis, avant l'âge de *trente ans* accomplis, à un emploi civil ou militaire, s'il ne justifie avoir satisfait aux obligations imposées par la présente loi.

Art. 73. — Chaque année, avant le 31 mars, il sera rendu compte à l'Assemblée nationale, par le ministre de la guerre, de l'exécution de la présente loi pendant l'année précédente.

DISPOSITIONS TRANSITOIRES

Art. 74. — Les dispositions de la présente loi ne seront appliquées qu'à partir du 1er janvier 1873.

Toutefois, la totalité de la classe 1871 sera mise à la disposition du ministre de la guerre; les jeunes gens de cette classe, qui ne feront pas partie du contingent fixé par le ministre, seront placés dans la réserve de l'armée active, au lieu de l'être dans la garde nationale mobile, conformément à la loi du 1er février 1868, et y resteront un temps égal à la durée du service accompli dans l'armée active et dans la réserve par les hommes de la même classe compris dans le contingent. Après quoi les uns et les autres seront placés dans l'armée territoriale, conformément aux dispositions de l'article 36 de la présente loi.

La durée du service pour la classe 1871 comptera du 1er juillet 1872, conformément aux prescriptions de la loi du 1er février 1868; toutefois, pour les jeunes gens de cette classe qui ont devancé l'appel à l'activité, elle comptera du 1er janvier 1871, conformément au décret du 5 janvier 1871.

Art. 75. — Les jeunes gens ne faisant pas partie de la classe de 1871, qui voudraient avant le 1er janvier 1873, profiter des dispositions des articles 53 et 54 ci-dessus, feront au ministre de la guerre la demande de contracter un engagement d'un an.

Le règlement prévu par les articles 53 et suivants, et les programmes mentionnés en l'article 54, seront publiés, avant le 1er novembre prochain; à partir de cette époque, les jeunes gens désignés au paragraphe 1er du présent article seront admis soit à contracter leur engagement, soit à passer les examens exigés.

Les jeunes gens des classes de 1872 et suivantes, actuellement sous les drapeaux par suite d'engagements volontaires, pourront, à partir du 1er janvier 1873, profiter des dispositions des articles 53 et 54.

Le temps passé au service par ces jeunes gens sera, lorsqu'ils auront rempli les obligations déterminées à l'article 56, déduit du temps de service prescrit par l'article 36.

Le temps passé au service par les jeunes gens qui se sont engagés volontairement pour la durée de la guerre, sera également déduit du temps de service prescrit par l'article 36.

Art. 76. — Les jeunes gens des classes de 1867, 1868, 1869 et 1870, appelés en vertu de la loi du 1er février 1868, qui ont été compris dans le contingent de l'armée, seront, à l'expiration de leur service dans la réserve, placés dans l'armée territoriale, conformément aux dispositions de l'article 36 de la présente loi. Les jeunes gens de ces mêmes classes, qui n'ont pas été compris dans le contingent de l'armée, et qui font actuellement partie de la garde nationale mobile, seront, à partir du 1er janvier 1873, placés dans la réserve de l'armée, où ils compteront jusqu'à la libération du service dans la réserve des jeunes gens de la même classe qui ont été compris dans le contingent de l'armée. Ils seront ensuite placés dans l'armée territoriale, conformément aux dispositions de l'article 36 de la présente loi.

ART. 77. — Les hommes des classes antérieures appelés en vertu de la loi du 21 mars 1832, qu'ils aient été ou non compris dans les contingents fournis par lesdites classes, feront partie de l'armée territoriale et de la réserve de l'armée territoriale, conformément aux dispositions de l'article 36 de la présente loi, jusqu'à ce qu'ils aient atteint l'âge prescrit par ladite loi pour la libération du service dans l'armée territoriale et dans la réserve de l'armée territoriale.

L'état de recensement des hommes compris dans cette catégorie sera établi conformément aux dispositions de l'article 15 de la loi du 1er février 1868. Ils pourront être appelés par classe, en commençant par les moins anciennes.

Un conseil de révision par arrondissement, composé ainsi qu'il est dit à l'article 16 de la loi précitée, prononcera sur les cas d'exemptions pour infirmités et défauts de taille qui lui seront soumis.

ART. 78. — Les jeunes gens qui, au lieu d'être placés ou maintenus dans la garde nationale mobile, feront partie de la réserve, conformément aux dispositions précédentes, seront soumis à des exercices et revues déterminés par un règlement du ministre de la guerre.

ART. 79. — L'obligation de savoir lire et écrire pour contracter un engagement volontaire ou pour être envoyé en disponibilité après une année de service, ne sera imposée qu'à partir du 1er janvier 1875.

ART. 80 — Toutes les dispositions des lois et décrets antérieurs à la présente loi, relatifs au recrutement de l'armée, sont et demeurent abrogées.

Délibéré en séance publique, à Versailles, les 23 avril, 22 juin et 27 juillet 1872.

Le Président,

Signé : JULES GRÉVY.

PARIS. — TYPOGRAPHIE A. POUGIN, 13, QUAI VOLTAIRE. — 3715.

www.ingramcontent.com/pod-product-compliance
Ingram Content Group UK Ltd.
Pitfield, Milton Keynes, MK11 3LW, UK
UKHW020931180726
13838UKWH00002B/873